HISTOIRES MAGHRÉBINES
RUE DE FRANCE

© KARTHALA
ISBN : 2-86537-115-8

IL ÉTAIT UNE FOIS,
TOUT DE SUITE !

Histoires maghrébines
rue de France

présentées par Marie Féraud

Éditions KARTHALA
22-24, boulevard Arago
75013 Paris

Ces contes ont été recueillis auprès de : Laldja Amara Tir, Laïd Amriou, Yamina Amriou Rebbache, Djoudi Benbalhouli, Nadia Benbalhouli, Kader Bergoud, Hadda Bessaïs, Rasika Chabane, Barka El Garni, Rabah Ghomrane, Akila Hachi, Hamed Laamari, Arila Laamari, Ali Mansouri, Dabia Mazari, Yamina Mécachère, Laldja Métidji, Malah Oumedjbeur, Dabia Oumedjbeur, Tassadit Rebbache, Abdelaziz Schnifa, Slimane Tir... Ainsi que leurs familles, leurs parentés, leurs amis et les amis de leurs amis qui ont participé aux veillées, aux fêtes qui ont eu lieu chez eux et hors de chez eux dans toute la ville.

ARC (Action-Recherche-Culture) est le promoteur roubaisien de ce livre.
L'Atelier Populaire d'Urbanisme de l'Almagare en a rendu possible la réalisation.
La municipalité de Roubaix, le Fond d'Intervention culturel du ministère de la Culture, le ministère de la Jeunesse et des Sports, ont apporté leur concours.

*

Photos : *Gérard Vandrotte, Arezki Aouidj, Zohra Rahni, Guy Vlaeminck, Slimane Tir.*

Il était une fois à Roubaix...

« *Il était une fois, tout de suite!* » *Tel est le titre qu'Ali M. m'a lancé un jour, en guise de boutade, pour ce livre. Saisissant raccourci dont Ali et bien d'autres, à Roubaix, ont le secret.*

C'est qu'on n'a pas de temps à perdre. La mémoire n'est pas un mausolée, ici, où sont entreposés des mythes qui ne hantent plus personne. Certes, le souvenir, parfois, fait défaut, se rappeler fait mal, mais justement, dit le conteur, si tu ne sais pas où tu vas, souviens-toi d'où tu viens...

La langue française non plus n'est pas un mausolée, elle qui a bien besoin, parfois, qu'on bouscule ses allures bon chic bon genre. Et quels compagnons plus libres avec elle que ceux dont elle n'est pas la grand-mère ? Je les ai écoutés se parler. Ils se font des politesses épatantes avec les mots, celui de tous les jours, goguenard, un rien popu, draguant la perle délicieusement surannée :

« Le prince fit halte pour manger son casse-croûte... »

« J'en ai marre crie la princesse ulcérée... »

« La femme ne cessait de casser la tête du Bon Dieu... »

Ceci pour les contes anciens. Quant aux contes modernes, la langue parlée est reine.

C'est aussi qu'un préjugé tenace nous présente le conteur comme le dépositaire d'une tradition immuable, à la manière du religieux chargé de répéter « à la lettre » la parole sacrée écrite un jour. C'est oublier un peu vite que le conte est d'abord parlé, que le conteur public était jadis le France-Soir de la cité, rapportant les faits divers, les feuilletons et les crises politiques. Il était un journal, un média.

A Roubaix, les conteurs exerçaient leurs talents dès que nous étions réunis à plus de trois, et le soir, dans les maisons, ils rivalisaient avec un autre média, la télévision. Oh, évidemment, nous arrêtions toujours les enregistrements au moment de Dallas, mais pour les reprendre ensuite. Après le dernier sale coup de J.R. nous attendions le dernier mauvais coup de l'Ogresse ou de la bande de la place de l'Abattoir !

C'est qu'un autre préjugé est de croire que la langue parlée sert uniquement à dire « Passe-moi le sel ». Peut-être croit-on, en effet, qu'elle se serait racornie depuis que nos sociétés ont décidé que la Culture s'écrivait d'abord et que l'analphabète était inculte. C'est oublier — mais pourquoi ? — que la langue parlée produit un art vivant, qu'elle recèle ses propres trésors, ses artistes, bref, ses raconteurs.

A Roubaix, lors des veillées nocturnes ou des après-midi de conversation au cours desquelles ces histoires furent recueillies, nous n'étions pas loin de ce lieu-là. Est-ce parce que la communauté maghrébine, peu asservie — et pour cause — par le sourd mépris de l'écrit sur l'oral qui régit l'univers culturel ici, a gardé en partie intacte cette capacité originale de raconter des histoires avec la voix et sa musique, avec les gestes, tout le corps et ce regard plein de hardiesse et non avec la plume ? L'art du récit, l'art d'écouter sont des grâces enviables à l'heure de l'audio-visuel !

Car le public lui aussi est actif. Le conteur n'intervient pas « par hasard ». Il « dit » de la manière la plus élaborée ce qu'on attend de lui, une interprétation de la réalité qui, nourrie des pensées inquiètes ou confuses de l'auditoire, les empêche de fermenter et de nous engloutir. Il y eut des veillées graves où l'on ne parlait que de Dieu, des veillées polémiques où l'on refaisait l'Histoire, des veillées entre femmes pour parler des hommes, des veillées humoristiques où l'on se moquait d'abord de soi... Et puis des silences pour digérer telle histoire troublante. Il faut alors boire à petites gorgées le thé brûlant. Dehors, le quartier s'endort. Nous devenons gardiens des portes.

Mais cette histoire ne fut possible que parce que dans le quartier de l'Alma-gare, à Roubaix, il existait déjà un mouvement d'habitants qui tentaient depuis quinze ans d'« inverser les rôles », de prendre la parole et avec succès dans la bataille de la rénovation urbaine.

Il y avait donc déjà comme une légende autour des « gens de l'Alma » quand je suis arrivée à Roubaix. Le quartier était en pleine reconstruction, chamboulé de partout, un vrai chantier ! Ils avaient refusé, ces habitants, qu'un destin aveugle rase les vieilles courées pour un avenir en forme de tours et de barres, architecture de la pauvreté moderne. Les courées, malgré l'insalubrité, c'était une histoire de voisinage et de longue date entre des communautés venues de partout, des Flandres comme de Pologne, d'Italie comme du Maghreb, déposer là leur besace et leurs rêves, près des vieux Roubaisiens. La greffe est une opération délicate et complexe quand il s'agit des hommes mais l'arbre du lendemain n'en croît que plus dru.

Après s'être colliné le paysage urbain, les logements, l'école ouverte, le foyer éclaté de personnes âgées, la crèche, les commerces, le centre social, l'imprimerie, un restaurant, des régies à la place des concierges, que sais-je encore, voilà qu'ils décidaient, à l'Alma, de raconter, d'écouter le paysage intérieur du quartier, ses fantômes et ses mythes, ses échos de jours et de nuits, ses ressources méconnues, ses musiques où chacun donnerait de la voix, sa voix propre, troublante, hardie même, inattendue en tout cas.

Ce livre est donc une péripétie de cette aventure, juste un épisode qui éclaire en oblique la perspective d'ensemble de cette drôle de démocratie... Un quartier, une ville, c'est quoi quand on y parle une trentaine de langues ?

Et d'abord, honneur à l'Autre, aux voix de ceux

qu'on n'entend jamais, les voisins originaires de Biskra, de Bou-Saada, de Bouira et de Tizi-Ouzou, ces immigrants de la première heure que leurs enfants, parfois, n'écoutent plus que d'une oreille... Mais ces jeunes aussi, dont certains ne sont plus si jeunes puisqu'ils ont à leur tour des enfants. Il s'agissait de planter au milieu du quartier, de la ville tout entière, un arbre à palabres.

Ce ne fut pas toujours facile tant l'inquiétude taraudante de « ne pas se rappeler » planait au-dessus de nous comme le fantôme de la Dame Blanche, celle de l'exil intérieur. Mais quelle jubilation aussi quand la voix s'enflait, dénouait ses propres résistances pour remettre tout le monde à sa place : et la France et le pays des origines, et le quartier et la famille, et soi et les autres, tout le monde à sa place dans cette longue, très longue histoire qui prend sa source, un jour, là-bas, « Il était une fois.. » et coule à présent ici « tout de suite ! »

Écoutez les Maghrébins de Roubaix assis à l'ombre de l'arbre à palabres. Ils racontent le futur !

Marie Féraud

« Le monde a été créé sur la corne d'un
bœuf car le bœuf est la patience même, et la
folie des hommes lourde à porter... Quand le
bœuf se fatiguera de porter le monde sur sa
corne et qu'il changera de côté, alors ce sera
la fin du monde. »

Roubaix, le premier soir...

J'ai atterri à Roubaix un soir de 14 juillet, avec cette image d'un paquebot tout juste sorti des chantiers de l'Alma-gare. On m'avait dit :

« Un paquebot, ces HLM, avec des coursives, des passerelles, de drôles de hublots ouverts sur le large où les mâts sont des cheminées d'usines qui parlent toutes seules dans le ciel clair à présent. Et puis des mécaniciens qui courent partout pour le faire avancer...

— Et les passagers ?

— Ah, les passagers ! Des immigrants venus de partout, paysans flamands, bergers picards, mineurs polonais, tisserands d'Italie et d'Afrique du Nord, ancrés là depuis l'ère industrielle. Déracinement et enracinement, le mouvement de toute Histoire. »

Ce soir-là, le bateau tanguait. Les enfants aux yeux bariolés réclamaient l'Amérique : « Du rock ! Du rock ! » pour danser sur le pont, tandis qu'un homme pâle rêvait de concert symphonique sur la place ronde inachevée.

Musette et disco se succédaient sous la verrière.

Soudain, Bouzid quitte le bar pour rejoindre la foule qui se trémousse. Il va danser sur cette musique. Il s'est levé comme un marin dans la houle, vrillé au pont avec des gestes intenses, tout ramassé au-dedans. Il ne titube plus. Il danse. Et quelle danse !

Avez-vous déjà vu de ces lourdes charpentes d'hommes au ventre formidable se mettre en mouvement comme une chamelle sur la piste ? Sa légèreté coupe le souffle à défier ainsi la pesanteur. L'homme a fermé les yeux, concentré sur ces rythmes faciles. Il doit carrément les avaler, les digérer pour les enrichir de nuances qu'ils n'ont pas. Il cultive cette musique, oui.

« Oriental ! » crie-t-il avec un claquement sec de ses mains. Et voilà que les percussions disco qui ne faisaient *que du bruit se colorent, s'émeuvent, prennent du corps à voir ainsi Bouzid jubiler dans sa graisse. La nostalgie étreint cet homme-là pour qu'il donne une magistrale leçon de rythme aux corps tendus qui gigotent sans conviction autour de lui.*

Un peu plus tard, Bouzid quitte le bal, l'air vieux, du plomb aux pieds, les gestes incertains. Il redevient ce qu'il n'est pas en rejoignant sa cabine... C'est lui, Bouzid, qui, un autre soir, évoquera les danses de son village, et la plus belle de toutes, la « Zerda », danse sacrée du pays chaouï...

Le joueur de bendir et la dervicha

En pays chaouï, quand quelqu'un a « mal à son âme » malgré les médecines, quand la terre devient ingrate et que la fièvre de la ville s'empare des esprits, quand des temps difficiles menacent les liens sacrés de la communauté, alors hommes et femmes se rassemblent pour veiller toute la nuit de Zerda.

Ce soir-là, chacun va apporter ce qu'il peut pour le repas qui réunit la parenté. Ce soir-là, le bendir, la flûte et la voix humaine vont s'adresser avec le même amour et la même force à celui qui préside au destin commun, le Saint, le fondateur de la tribu. Ce soir-là, si Dieu le veut, chants et danses sacrés vont combattre le mauvais sort, exalter la parole du derviche, celui qui dit la vérité, renforcer l'esprit du groupe, fêter son union sacrée. Dans la Zerda, on affronte ensemble « ce qui va et ce qui ne va pas ».

Il y a quelques années, une dervicha fort âgée, célèbre dans la région de Bou-Saada pour ses dons de clairvoyance et pour sa sagesse, vint passer plusieurs semaines chez son fils marié à une française et installé à Roubaix.

Une semaine après son arrivée, elle parla à son fils :

« Mon fils, dit-elle. Tu vas préparer une Zerda pour moi qui rassemblera tous les Heouamed de cette ville. »

Le fils acquiesça et se rendit dans toutes les familles de Roubaix apparentées aux Heouamed de Bou-Saada dont sa mère et lui-même étaient issus. Il y en avait un certain nombre, suivant la règle communautaire qui commande à ses émigrants de se rassembler dans la même ville pour mieux se protéger les uns les autres.

Le fils de la dervicha porta donc ses invitations aux quatre coins de Roubaix, et une Zerda fut célébrée.

Cette nuit-là, la dervicha s'adressa aux siens :

« Cette Zerda, c'est moi qui l'ai voulue, dit-elle. J'ai demandé à mon fils de nous réunir. Je vous remets en mémoire que nous sommes tous des Heouamed. Personne ne doit oublier d'où il vient, de qui il est le fils. Je vois, moi, que les Heouamed se détachent des Heouamed, qu'ils ne savent plus qui ils doivent protéger et à qui demander protection. Je vois qu'ils ne font plus de fêtes ensemble... Je vous confie les uns aux autres. Je souhaite du fond du cœur, je vous conjure de célébrer Zerda sur Zerda jusqu'à mon départ et au-delà, pendant un an. Rassemblez-vous, chantez, dansez, parlez, invoquez notre Saint, écoutez les plaintes et partager les joies des Heouamed ! Il ne peut sortir que du bien de ce que prendront et donneront les Heouamed aux Heouamed... »

C'est ainsi que parla la dervicha et c'est ainsi que les choses se passèrent.

Jusqu'au départ de la dervicha et ensuite pendant un an, les Heouamed de Roubaix organisèrent veillées sur veillées. Beaucoup avaient oublié les chants et les danses sacrées et se les rappelèrent. D'autres les ignoraient, à cause de leur jeunesse, et les apprirent. Certains participèrent avec ferveur, d'autres vinrent par devoir, par curiosité ou pour la joie de veiller ensemble, d'autres encore restèrent spectateurs. Mais tous furent invités et tous vinrent.

Lorsqu'un an fut écoulé après le départ de la dervicha, les Zerda s'espacèrent. Deux années encore, l'esprit des Heouamed les rassembla quelquefois. Puis les Zerda s'arrêtèrent, et, jusqu'à ce jour à ce qu'on dit, il n'y en eut plus jamais.

« On s'est alors séparé, dit le conteur. On a repris nos habitudes "Dodo, métro, boulot" et c'est dommage. »

Toutefois, un joueur de bendir allait garder un souvenir bien vivant de la dervicha de Bou-Saada.

Dès la toute première Zerda, cet homme, qui savait à peine battre un tambour, fut inspiré par le bendir. Il maîtrisa si vite la technique et le rythme de la musique sacrée qu'il devint en quelques Zerda l'un des meilleurs joueurs de bendir des Heouamed. Il montrait aussi une résistance exceptionnelle et jouait toute une nuit sans presque s'arrêter. Quand la main qui tenait le tambour s'écorchait à l'arête vive du bois, il enroulait un mouchoir autour de sa blessure et continuait pendant des heures.

La nuit qui précéda le départ de France de la dervicha, son fils organisa une Zerda en son honneur. Ce fut un moment exceptionnel, l'esprit des Heouamed était vraiment dans l'assistance. A la fin de la nuit, le joueur de bendir vint trouver la dervicha :

« Je suis très fatigué, lui dit-il. J'ai joué ce soir de tout mon cœur. Donne-moi quelque chose que je me rappelle de toi encore longtemps. »

Alors la vieille femme tira cinq fils de soie de son châle et les tendit au musicien.

« Tiens, dit-elle. Voilà de quoi te rappeler de moi, même après ta mort. »

L'homme remercia et rangea avec soin les cinq fils de soie dans son portefeuille.

Cet homme s'était marié dans l'année. Peu de temps après, sa femme accoucha d'un garçon. Puis elle eut un second, un troisième, un quatrième et un cinquième garçon.

Des années passèrent et le couple n'eut plus d'autres enfants.

Un jour qu'il rangeait son portefeuille, le joueur de bendir se rappela les cinq fils de soie donnés par la dervicha de Bou-Saada. Il les chercha et se souvint de la dernière fois où il les avait vus, peu de temps avant la naissance de son cinquième garçon...

Il eut beau retourner son portefeuille et, avec sa femme, la maison tout entière, il ne trouva pas l'ombre d'un brin de soie !

Mais il avait cinq fils qui seraient encore là après sa mort...

*
* *

L'étrangère

L'automne est là quand je reviens à l'Alma-gare. Il fait nuit tôt en novembre. Je ne connais pas encore le quartier, ses heures de fermeture, par exemple. Je cherche une boulangerie, en vain. Je finis par rencontrer Ouria que je ne connais encore que de vue. Elle va héler une autre fille qui court, pressée, aux commissions.

— Je cherche une boulangerie. Savez-vous où...

— Venez avec moi. J'y vais, justement, dit Dalila.

Nous marchons un instant en silence dans une rue obscure. Puis je lance :

— Je suis étrangère à votre ville. Je ne la connais pas encore.

Dalila s'arrête et me considère, surprise, mais agréablement, je crois :

— Alors, je vais vous inviter à manger chez moi parce qu'il faut toujours inviter les étrangers.

Un peu plus tard, comme nous passons devant une épicerie arabe remplie d'hommes qui palabrent, Dalila me dit, riant de sa blouse et de son fichu noué à la hâte :

— Je ne suis pas habillée et il y a trop d'hommes. Vous pouvez entrer m'acheter du café ? Une étrangère, ça ne se remarque pas !

Dès lors, la glace est rompue. Et le père de Dalila racontera cette histoire vraie de « Oh, le pauvre malheureux ! » lors d'une veillée, le premier soir que l'invitée passera dans la famille.

« Oh, le pauvre malheureux ! »

Si Bachir fit connaissance avec la France à l'âge de soixante-treize ans. Il arrivait tout droit d'un gros village saharien où l'on commençait à construire des HLM qui ressemblaient comme des frères à ceux qu'il découvrit à sa descente d'avion. Là-dessus, il ne fut pas dépaysé !

Si Bachir était venu faire soigner ses yeux. Il passa donc plusieurs mois chez son fils établi à Roubaix. La rue de l'Alma, où habitait la famille L., était à cette époque-là l'une des rues les plus animées de la ville. La crise n'avait pas encore ruiné le petit commerce et personne n'avait besoin de s'angoisser en recomptant, chaque quinzaine, les chômeurs qui pointaient à l'ANPE. Bref, le ciel n'était pas encore tombé sur la tête des Roubaisiens !

Commerçant lui-même, Si Bachir eut tôt fait de connaître les profits et pertes de ses confrères du quartier. Les petits-commerçants de France avaient les mêmes problèmes que n'importe quel petit-commerçant de son pays. Cette constatation rassura Si Bachir.

Un grand plaisir de Si Bachir était de s'installer sur une chaise devant la maison de son fils et de regarder les gens passer dans la rue.

C'est ainsi que « Oh, le pauvre malheureux » se produisit — « Oh, le pauvre malheureux ! » est le nom que toute la famille donna, par la suite, à l'aventure qui arriva à Si Bachir, ce jour-là.

Il devait être six heures du soir. Si Bachir était à son poste d'observation depuis une heure ou deux. Il avait échangé toutes sortes de salutations avec des parents et des voisins. Son petit-fils lui avait apporté un café vers cinq heures, et il se rappellera plus tard la réflexion qui lui vint à propos de tous ces chiens tenus en laisse :

« Qu'est-ce qu'un pays où on promène les chiens en laisse ? »

Cette réflexion en avait amené d'autres. Si Bachir aimait philosopher. Et quand il philosophait tout seul, il prenait une certaine position : la tête courbée vers le sol, les yeux fermés, un coude appuyé sur ses genoux, une main se tenant le front, l'autre, paume en l'air, posée simplement sur les genoux. Dans cette attitude, Si Bachir pouvait philosopher des heures entières.

Il réfléchissait depuis un bon moment déjà, quand, sentant que quelqu'un venait de s'arrêter à sa hauteur, Si Bachir ouvrit les yeux. Son regard tomba sur une paire de pantoufles puis, remontant lentement, découvrit une vieille dame qui s'exclamait d'un air de profonde pitié :

« Oh, le pauvre malheureux ! »

Et de glisser avec un bon sourire une pièce de vingt centimes dans la main de Si Bachir pétrifié.

Jamais ! Non, jamais de sa vie, Si Bachir ne ressentit pareille émotion ! Une tempête lui révolutionna la tête. L'humiliation l'étouffait. Comment ! Lui, Si Bachir Laamari, commerçant honorable de Biskra, qui venait de dépenser près de trois millions de centimes pour son voyage, pour ses yeux, les cadeaux à la famille... se faire traiter de « pauvre malheureux ! » ! ! !

La pièce de vingt centimes lui brûla la main.

Il ouvrit la bouche... Aucun son n'en sortit.

« Pourquoi tu me fais la charité ? cria en silence Si Bachir. J'ai des sous, j'ai une maison, un commerce, j'ai mes enfants... »

Mais la voix de sa conscience lui intima de se taire.

« Tu es obligé d'accepter la pièce, disait-elle. Tu ne

peux pas faire autrement. C'est une vieille femme et elle croit que tu lui demandes la charité. Elle n'a peut-être que ça à donner... Si tu te mets à crier, une autre fois, quand un pauvre malheureux lui demandera vingt centimes, elle va dire : « J'ai donné à l'autre et il a commencé à m'engueuler. C'est pas la peine de donner à celui-là. »

« Merci madame », gémit Si Bachir en ravalant sa fierté.

Mais depuis ce jour-là et jusqu'à son départ, jamais plus Si Bachir ne philosopha devant sa porte.

*
* *

La veillée

Est-ce le hasard ou l'un de ces actes, évidents après coup, qui nous poussent dans la direction à prendre ? Les premières veillées d'enregistrement des contes vont toutes se situer autour du Mouloud, fête religieuse de la naissance du prophète.

Les veillées ont lieu la nuit ; bien sûr. D'abord « parce qu'on ne raconte pas d'histoires le jour, explique Mohand. Sinon, on risque de devenir chauve ! »

Il faut y aller doucement, parler de choses et d'autres comme si la mémoire du conteur avait besoin qu'on fasse du bruit avec des choses anodines pour concentrer ses forces, ou bien tâter à distance les préoccupations de la famille présente et en parler tout à l'heure, indirectement pour ne blesser personne, avec des paraboles poignantes ou pleines d'humour. Je l'ai dit, le conte n'est jamais gratuit. Et puis, on a le droit aussi de s'endormir, tandis que les autres veillent. La palabre recouvre le dormeur comme un drap léger.

Trois générations sont présentes ce soir pour fêter le Mouloud. La vieille Hlima a demandé qu'on éteigne l'électricité pour allumer les bougies. Du coup, la nuit devient précaire, les mots nécessaires pour combattre les fantômes qui hantent le quartier, mille pensées inquiètes. Où allons-nous ? Où allons-nous ? disent les vieux. D'où venons-nous ? D'où venons-nous ? demandent les jeunes.

Un voisin français est passé tout à l'heure à la recherche d'un oignon. Fathia s'inquiète : il a peut-être pensé à une panne d'électricité ? Une coupure de courant pour impayé ? Fathia a tout rallumé. Elle me dit qu'elle a failli l'inviter. Mais comment ? Avec quels mots lui parler du Mouloud ? Son prophète à lui est né il n'y a pas quinze jours, à Noël. Est-ce qu'il y croit seulement à son propre prophète ?

Le prétexte est tout trouvé et quelqu'un démarre de là :

25

« *Jésus, dit-il, c'est Sidi Aïssa, fils de Myriam la pure. Lui aussi descend de notre père à tous, Sidi Brahim, Abraham, comme vous dites, vous, les chrétiens...* »

Ce soir donc, nous parlerons de Dieu. Et naissent quelques proverbes arabes du cru, comme celui que Fathia invente en riant :

« *La vie, c'est comme au supermarché « Auchan ». Quand on est dedans on peut se servir gratis. Mais quand on passe à la caisse, il faut payer !* »

Le saint et l'assassin

Il existait jadis, dans une ville où régnait le blasphème, l'avarice et la corruption, un assassin impitoyable qui ne craignait ni Dieu ni le Diable. Repu de tant de crimes commis sur les vivants, il jura, pour son centième crime, de profaner les morts.

Il se rendit au cimetière et apprit qu'on venait d'y enterrer une jeune vierge. Violer en même temps l'innocence et la mort le hisserait bien au-dessus de ces concitoyens, tous pourtant passés maîtres dans l'art de faire le mal.

Mais quand il eut dégagé la jeune morte de son linceul, il tomba à genoux, ébloui par sa parfaite beauté : un corps aussi harmonieux, un visage aussi pur, condamnés à pourrir dans la terre, lui parurent l'abomination même. Aucun sacrilège ne dépasserait celui-là ! Personne, jamais, n'atteindrait la cruauté de la mort au travail...

En proie à une terreur sacrée, l'assassin aux quatre-vingt-dix-neuf crimes s'enfuit dans le désert. Il marcha, marcha, marcha longtemps à la recherche de l'Ange Gabriel, gardien des portes du Paradis et de l'Enfer. Il voulait lui demander quelle serait sa place en Enfer.

Il marcha pendant des jours sous un soleil ardent, sans repos, n'éprouvant qu'une épouvante sans nom. Sa seule consolation lui venait de la pensée que son âme damnée ne croiserait jamais celle de la jeune morte dont il avait profané la tombe.

Un vieil ermite le découvrit un jour mourant de faim et de soif et l'emmena dans sa grotte. Cet ermite s'était réfugié tout jeune dans le désert pour échapper aux turpitudes du monde et prier Dieu dans la plus grande solitude. Dieu pourvoyait à sa nourriture en lui envoyant, chaque jour, une galette et une grappe de raisin blanc.

Ce soir-là, l'ermite partagea son repas avec l'assassin. L'homme lui raconta sa vie et le saint approuva sa quête de l'Ange.

Pendant la nuit, l'assassin se réveilla et vit l'ermite qui priait devant la porte.

« Ah, pensa-t-il plein de regret. Voilà un homme que le mal n'atteindra jamais ! »

Le lendemain, l'ermite insista pour qu'il se reposât encore un jour car il était à bout de force. Tandis que l'assassin dormait, Dieu envoya deux galettes et deux grappes de raisin, l'une noire et l'autre blanche, pour le repas des deux hommes. A la vue du raisin noir, l'ermite éprouva le vif désir d'en goûter car il ne mangeait que du raisin blanc. Mais comme le devoir de l'hospitalité l'obligeait à laisser l'hôte choisir sa grappe, il cacha le raisin noir ainsi que la seconde galette envoyés par Dieu et, le soir venu, il partagea une galette et la grappe de raisin blanc avec l'assassin.

« Je partirai demain, saint homme, dit celui-ci. Voilà deux jours que tu partages avec moi ton maigre repas. Je n'abuserai pas davantage de ta bonté. »

Le lendemain, à l'aube, l'assassin aux quatre-vingt-dix-neuf crimes prit congé de l'ermite :

« Demande-moi quelque chose, lui dit-il. Je veux te remercier de ton hospitalité.

— Je ne désire rien de ce monde, répondit l'ermite. Toutefois fais cela pour moi : après avoir demandé à l'Ange quelle est ta place en Enfer, demande-lui quelle est la mienne au Paradis... Si un jour, tu repasses me voir, tu me le diras, sinon, il me sera doux que tu le saches. »

L'assassin reprit sa route. Il marcha encore des

jours et des jours à la recherche de l'Ange. Un jour enfin, alors qu'il se sentait mourir, l'Ange qui gardait les portes de l'Enfer et celles du Paradis lui apparut dans les nuées.

« Que veux-tu ? demanda l'Ange.

— Connaître seulement ma place en Enfer, répondit l'homme. Je suis l'assassin aux quatre-vingt-dix-neuf crimes. Toutefois, pour remercier le saint qui a partagé avec moi tout ce qu'il possédait, j'ai promis de te demander pour lui quelle serait sa place au Paradis.

— Toi, tu as commis quatre-vingt-dix-neuf crimes, dit l'Ange. Mais tu n'as pas accompli ton centième crime. Tu as épargné l'innocence d'une morte. Pour cela et parce que tu m'as cherché dans le désert, je te le dis avant de mourir, ta place est au Paradis... Quant à ton hôte qui vécut toute sa vie à l'abri du mal dans le désert, voilà qu'il n'a pas pu résister à sa première tentation. Combien de crimes n'eût-il alors commis parmi les hommes ?... Pour cela, je te le dis avant de mourir, sa place est prête en Enfer ! »

Et l'Ange, levant le bras, fit mourir à l'instant même le saint dans sa grotte et l'assassin à ses pieds.

Celui qui se croyait damné monta au Paradis, celui qui se croyait élu descendit en Enfer.

*
* *

Les femmes, l'après-midi

Zohra, ses sœurs et sa belle-fille roulent la semoule cette après-midi. Au moins cinquante kilos pour la fête de l'Aïd et la circoncision du petit Ali.

Gestes amples pour arroser les grains, peigner la semoule en creusant des sillons aussitôt bouleversés autour des plats de bois, petits coups vifs ensuite pour séparer les dunes qui se font et se défont sous la paume. Et roule chaque grain sous ces doigts habiles qui n'ont pas besoin qu'on les surveille. Ce qui laisse tout le temps de commenter les dernières nouvelles... La mort, hélas, de la vieille, très vieille Hadja, au moins quatre-vingt-trois ans, venue rendre son dernier souffle entre les bras de ses enfants, stupeur, elle qui filait encore toute seule à Hem, il n'y a pas quinze jours, et à pied, et sans connaître un mot de français !... Et la fugue de Dalila, la fille de H., quelle misère !...

Sélima sourit en coin et me jette un coup d'œil que Zohra ne voit pas. Sélima et sa belle-mère s'entendent à merveille, elles. Comme nous parlons de Dalila qui ne veut pas se marier — c'est la cause de sa fugue — je dis :

« C'est assez rare que belle-mère et belle-fille s'entendent aussi bien que vous ! »

Zohra éclate de rire. La connivence est forte.

« C'est parce que nous n'avons pas oublié de partager un morceau de sucre, Sélima et moi, le jour de son mariage avec mon fils. Et puis, je suis sa tante, elle est ma fille. Sais-tu pourquoi belle-mère et belle-fille ne s'entendent pas ? demande-t-elle en riant.

— Euh, non...

— C'est à cause de la malédiction de Sidi Ali ! »

Tout le monde éclate de rire. C'est parti, les histoires commencent... cinquante kilos de semoule, c'est toute une après-midi d'histoires.

La malédiction de Sidi Ali

Sidi Ali, grand homme parmi les croyants, revint un jour de la guerre. Il avait combattu vingt jours et vingt nuits sans prendre le moindre repos. En ce temps-là, les hommes étaient des héros !

Sidi Ali, très fatigué, descendit de son cheval dans la cour de la maison où l'attendaient sa mère et sa femme.

« Je vais me coucher, leur dit-il. Réveillez-moi dans trois jours et trois nuits car j'ai fait la trève avec mes ennemis et je dois retourner au combat. »

Sidi Ali s'en alla dormir. Trois jours et trois nuits passèrent.

Au bout de ce temps, ni sa femme ni sa mère ne vinrent le réveiller. Le cheval de Sidi Ali, énervé par la fureur des combats qui faisaient rage à nouveau, se mit à frapper de ses sabots le ciment de la cour.

Le bruit réveilla Sidi Ali.

Fou de colère, il se précipita chez sa mère et se mit à crier :

« Pourquoi ne m'as-tu pas réveillé ? Je serai le dernier sur le champ de bataille et je vais perdre la face devant mes troupes !

— Ya Ya Ya, mon fils, gémit sa mère. C'est à ta femme de le faire. Moi, je ne suis rien, ici... C'est son devoir à elle ! »

Sidi Ali se précipita fou de rage chez sa femme.

« Pourquoi ne m'as-tu pas réveillé ! cria-t-il. Mes guerriers vont penser : "Sidi Ali dort comme un bébé !" Je vais mourir de honte tout à l'heure !

— Ya Ya Ya, mon mari, gémit sa femme. C'est à ta mère de le faire. Moi, je ne suis rien quand elle est là... C'est son travail à elle !

— Ma femme ! Ma mère ! Ma mère ! Ma femme ! hurla Sidi Ali de plus belle. Ma mère renvoie la faute sur ma femme et ma femme renvoie la faute sur ma mère !

— C'était à elle de te réveiller, cria sa femme.

— C'était à elle de te réveiller, cria sa mère. »

Sidi Ali s'arrachait les cheveux en maudissant et sa mère et sa femme.

« Ya Ya Ya, gémit-il. Vous êtes toutes les deux sur ma peau comme de la suie mélangée à de l'huile ! Suie et huile, huile et suie... Rien ne les ferait partir ! »

Et c'est depuis ce temps-là que belles-mères et belles-filles se renvoient toujours leurs fautes, collées à la peau de l'homme comme de la suie mélangée à de l'huile.

Mais à Roubaix, on ajoute que la mère et la femme de Sidi Ali ne l'ont pas réveillé parce qu'elles voulaient le garder à la maison et qu'il s'occupe d'elles, au lieu de courir partout à tuer tout le monde !

*
* *

« Ma fille, l'homme est une échelle ! »

Recommandation de mariage

Quelques jours après le mariage de sa fille, une mère trouva prétexte de quelque commission pour éloigner son gendre et parler en toute tranquilité avec sa fille.

« Ma chère fille, lui dit-elle. A présent, tu as un mari et je vais te laisser seule avec lui. Mais auparavant, écoute mes recommandations comme j'ai écouté celles de ma mère après mon mariage. Grâce à Dieu, cela m'a toujours réussi !... Voici ce que tu dois savoir, ma chère fille : l'homme est comme une échelle. Il faut lui grimper dessus marche après marche, faire sa conquête petit à petit. Quand tu seras tout en haut de l'échelle, alors tu feras ce que bon te semble. »

« Bien », dit la fille.

Mais l'époux, se doutant de quelque chose, s'était caché à proximité. Il surprit donc toute la conversation. Quand il pensa en savoir suffisamment, il s'en alla sans rien dire.

Le soir, la mère et la fille se séparèrent en pleurant.

Une semaine passa. Les deux époux s'entendaient à

merveille. La jeune femme vantait partout ce mari « sur mesure » aux petits soins avec elle.

Puis l'homme changea du tout au tout. Il devint infernal.

« Ramène-moi ceci ! Ramène-moi cela ! Donne-moi à manger ! Viens m'enlever mes chaussures ! Apporte-moi à boire ! etc. »

Il ne cessait plus de donner des ordres. Au début, la femme obéit gentiment. Puis elle se lassa de tant d'exigences et finit par se mettre en colère.

« Écoute, ça suffit ! cria-t-elle. Ramène ceci ! Ramène cela ! Et les chaussures, et à boire, et à manger, et les cigarettes... J'en ai marre, à la fin ! Tu commandes, c'est tout ce que tu sais faire !

— Non, ce n'est pas tout, riposta le mari. Je sais aussi battre les femmes indociles ! »

Et de ficher à sa femme une raclée mémorable qui l'obligea à garder le lit plusieurs jours.

Pendant que l'épouse se lamentait au fond de son lit, l'homme alla rendre visite à sa belle-mère qui l'accueillit avec de grandes démonstrations d'affection.

« Et comment se porte ma chère fille ? lui demanda-t-elle ensuite.

— Elle se porte très, très bien, assura le mari. Sa santé est excellente. Mais il lui est arrivé un petit accident...

— Un accident ! s'affola la mère.

— Oh, rien du tout, rassurez-vous, répondit le mari en riant. C'est juste parce qu'elle a voulu grimper trop vite à l'échelle, alors elle a glissé et elle est tombée... Mais allez donc la voir. Vous êtes la bienvenue à la maison. »

La mère se précipita chez sa fille et, la voyant pleine de bleus, commença à se lamenter et à pester contre les échelles.

« Mais je ne suis pas tombée d'une échelle ! s'écria la fille. Et tu es folle, ma mère, de demander à mon mari comment je vais. C'est lui qui m'a battu !

— Et je recommencerai, crois-moi, dit le mari en surgissant derrière la mère. Si jamais tu me prends pour une échelle comme te l'a recommandé ta chère maman ! »

Les deux femmes, confondues, se le tinrent pour dit et le mari, ayant gagné cette guerre, redevint le charmant époux qu'il était.

*
* *

Sidi Haïch et la modernité

Comme son père et son grand-père avant lui, Sidi Haïch se rendait chaque jeudi au marché de Tigzirt, juché sur son âne, les reins bien calés par des couffins de pastèques et de piments, son ample gandoura ramenée autour de son long corps sec. Sa femme, Lalla Setti, suivait à pied avec le reste de la marchandise sur la tête. Lalla Setti avait l'habitude, Sidi Haïch aussi. Ni l'un ni l'autre n'avaient entendu parler de la libération de la femme.

Mais, avec l'Indépendance du pays, toutes sortes d'idées, subversives pour les uns, progressistes pour les autres, commencèrent à s'infiltrer jusque dans leurs montagnes.

C'est ainsi qu'un jeudi précédant l'Aïd, alors qu'il se rendait au marché avec son âne, ses couffins et sa femme, Sidi Haïch tomba sur un groupe d'hommes atteints du virus de la modernité.

« Honte, honte à toi, Sidi Haïch, crièrent-ils en chœur. Qu'est-ce qu'un homme qui traite sa femme comme une chèvre ? »

Sidi Haïch rougit de honte, descendit de son âne et ordonna à sa femme d'y monter.

« Ainsi, pensa-t-il. On ne traitera plus ma femme de chèvre ! »

Il tenait au respect de ses concitoyens.

Mais, ce jour-là, la djemaa se réunissait sur la place. Gardiens des traditions, les anciens furent scandalisés quand ils virent passer Sidi Haïch à pied et la femme sur le baudet.

« Honte, honte à toi, Sidi Haïch, crièrent-ils en chœur. Tu te prends pour une chèvre à présent, et c'est ta femme qui te mène ? »

Sidi Haïch arrêta aussi sec l'équipage pour réfléchir à la situation. Il détestait se faire remarquer et voulait plaire à tout le monde. En conséquence, il grimpa sur l'âne aux côtés de Lalla Setti, des couffins et des paniers, et reprit sa route en excitant la pauvre bête de la voix et du talon. Les pattes de l'âne pliaient sous la charge qui manquait de l'écraser à chaque pas. Spectacle pitoyable.

Cette fois, tout le monde riait et s'esclaffait au passage. Des parents qui rentraient des champs commencèrent à insulter Sidi Haïch :

« Honte, honte à toi, criaient-ils. Tu veux donc tuer ton âne pour ne plus travailler ? »

La critique toucha Sidi Haïch au vif. Le travail était toute sa vie et son âne méritait de vieillir comme un honnête serviteur.

« Il ne sera pas dit que je tue mes bêtes au travail », pensa-t-il en sautant du baudet et ordonnant à sa femme d'y sauter aussi.

Ils traversèrent le reste du village sous les quolibets.

« Honte, honte à toi, Sidi Haïch, criaient les gens. C'est ton âne le patron à présent ? Décharge-le donc de son bât et envoie-le à la Mecque à ta place tant que tu y es ! »

Sidi Haïch était un homme patient. Mais cette fois, la colère l'étrangla. Le jour même, il vendit son âne et renvoya Lalla Setti chez ses parents. Puis il s'accroupit devant sa porte, rabattit le capuchon de sa gandoura sur ses yeux et cria :

« Allez-y. Tournez sans moi, maintenant ! »

*
* *

L'intégration

« *Le ciel gris de Roubaix est entré dans la tête des femmes!* » *aime à répéter Hamed, l'œil mélancolique fixé sur Yamina, sa femme.*

— *C'est à cause du malentendu, soupire Yamina. Puis elle me regarde avec son air espiègle de petit djinn. Tu comprends, quand on nous a dit* « *Allons vers le nord* » *à nous, gens du Sud, nous avons compris* « *Allons vers la lumière* » *parce que* « *Nor* » *en arabe signifie* « *Lumière* » *!*

Yamina a un frère et une sœur qui sont à l'université, grâce à elle, à sa ténacité d'aînée sacrifiée. Elle les a poussés de toutes ses forces vers la « lumière de l'école » comme elle dit en riant. Elle aurait tant désirer aller à l'école elle-même. Elle lit tout ce qui lui tombe sous la main, les polycopiés de droit de son frère, les romans et les revues qu'il laisse traîner chez les parents.

« Mais la lumière est partout, tu sais, dit-elle. En ce moment, j'apprends l'anglais toute seule, avec les cours de ma sœur. Il suffit de lire les journaux, d'écouter la télé pour s'instruire... Mais je n'ai pas de diplômes. Pourtant je tape très vite à la machine et j'apprends l'orthographe sur les livres de mes enfants. Ah oui, la lumière est partout... »

J'ai rencontré à Roubaix nombre d'hommes et de femmes comme Yamina, autodidactes de l'instruction et pauvres en argent mais fiers et riches de culture non écrite. C'est pour eux que j'ai recomposé à partir de leurs expériences le conte qui va suivre et qui leur rend hommage.

41

Fatima et le jardin potager

Conte de la vie quotidienne

Parce qu'il vivait à présent en France, jardin du monde et phare du progrès, Dj'ha avait non seulement admis de passer dix heures par jour à se cailler les fesses sur un chantier, mais il avait accepté de soumettre sa femme aux dures réalités du marché du travail.

Fatima bossait donc comme femme de ménage chez les autres. Elle était mal payée mais ne voyait pas pourquoi on la paierait décemment pour ce qu'elle avait l'habitude de faire gratuitement chez elle ou chez sa belle-mère. En fait, elle était tellement contente d'avoir échappé à sa belle-mère, restée au pays, qu'elle était prête à donner beaucoup plus d'elle-même pour que la vieille renarde demeurât de l'autre côté de la Méditerranée !

Pourtant, un jour, Fatima sentit son esprit changer. C'était une sensation tout à fait nouvelle. Dj'ha la découvrit un soir en train de lire le journal.

« Tu lis le journal, constata-t-il bêtement.

— Oui, les petites annonces, répondit Fatima d'un air occupé. Les ouvriers sont payés avec des pierres. Mais il y a des types à qui on offre beaucoup d'argent. Un tas d'argent. Qu'est-ce qu'on leur demande à ton avis ?

— De la responsabilité, grogna Dj'ha qui était fatigué et qui voyait que son assiette n'était pas encore sur la table, ni la soupe sur le feu.

— De la responsabilité », murmura Fatima en fronçant les sourcils qu'elle avait épais. Elle avala l'explication et fila à ses fourneaux parce que certains signes d'impatience chez son mari lui imposaient toujours de filer à ses fourneaux.

Du temps passa. Fatima sentait son esprit s'aiguiser comme la lame d'un sabre. Pendant que Dj'ha se caillait les fesses sur son chantier elle expédiait en vitesse ses ménages et, le reste du temps, courait partout, à droite à gauche. Il semblait qu'une force s'était emparée de l'esprit de Fatima. Sa belle-mère, la renarde, aurait appelé à son secours tous les taileb du coin si elle avait pu assister à l'agitation frénétique de sa belle-fille. Un démon grimaçant l'habitait, c'est sûr ! Une volonté farouche qui la menait inextinguiblement à sa perte.

Car Fatima avait décidé de gagner beaucoup d'argent. Pour cela, il fallait apprendre à devenir responsable. C'est Dj'ha qui l'avait dit, à un moment où il n'était pas sur ses gardes. Dj'ha était un bon mari mais quand il était sur ses gardes il ne disait jamais le fond de sa pensée. Cette fois, il l'avait fait et c'était un précieux renseignement qu'il avait lâché sans s'en rendre compte.

Donc Fatima apprit les ficelles et les théories pour devenir responsable...

... Et pour gagner beaucoup d'argent. Enfin, beaucoup d'argent, pour Fatima, c'était juste beaucoup plus d'argent que n'en gagnait une femme de ménage — qui, elle, gagnait des pierres — c'est-à-dire un salaire décent et pas des mille et des cents !

Enfin, un jour — béni soit-il entre tous ! — Fatima crut ses efforts récompensés. Comme elle n'avait pour elle que son intelligence, une vive sensibilité, une imagination peu polluée par les clichés habituels et l'expérience de la vie, de la dure vie, mais ni les diplômes ni le déroulement de carrière qu'il faut dans ces cas-là, on lui offrit une place de responsable unique en son genre, je vous jure, unique en son genre !

Un matin, elle fut convoquée par une commission qui loua ses idées originales et lui proposa de commencer dès le lendemain à les mettre en pratique. Elle serait responsable d'un vaste secteur : un potager en friche dont personne ne comprenait pourquoi le plus riche terreau et le fumier le plus décomposé ne parvenaient à y faire pousser la moindre salade. C'était un défi ! De plus, on demanda à Fatima combien d'argent elle voulait pour ce travail. Fatima donna un chiffre qui lui parut fabuleux — en fait, un salaire décent mais Fatima ne connaissait pas les tarifs — et cela fut accepté par la commission sans soulever la moindre vague.

Fatima crut éclater de bonheur. Une telle ouverture d'esprit, une telle compréhension la sidéraient. Ah, elle saurait rendre au centuple ce qu'on lui donnait ! Foi de Fatima ! Elle transformerait ce potager en un jardin d'Eden. Il y pousserait des légumes d'un goût inégalable. Elle avait ses secrets pour cela et le premier était que ce potager ressemblait à celui de son pays. C'était la même terre et les mêmes mauvaises herbes. Elle savait comment traiter ces potagers-là. Mais elle n'était pas avare de ses secrets. Elle les ferait partager à tous ceux qui s'y intéresseraient de près afin que mille potagers de cette sorte fleurissent à travers le pays.

Elle brûlait de montrer ses capacités.

Elle travailla d'arrache-pied. Dj'ha était ébloui. C'était un sage et il savait bien que sa femme garderait toute sa saveur sans rien trahir de ce qu'elle se devait à elle-même.

Vint la première échéance. Fatima se rendit auprès de la commission et présenta son rapport. La commission l'encouragea aussitôt à poursuivre son effort. La friche, déjà, reculait légèrement. Il fallait continuer.

« Mais... Et mon argent ? demanda Fatima quand on la congédia lui donnant rendez-vous le prochain mois.

— Quoi, votre argent ? s'étonna-t-on.

— Eh bien, l'argent des petites annonces... Je veux dire l'argent de la responsabilité dont nous avons parlé avant que je commence ?

— Ah oui, l'argent, se rappela quelqu'un dans l'assemblée. Il vous est acquis, tout acquis, bien sûr...

— Heu... fit timidement Fatima.

— Oui ? l'encouragea un autre membre de l'éminente commission.

— C'est que... J'ai avancé un peu d'argent aussi... Je veux dire pour les outils, certains engrais et... heu... C'est sur la paie de mon mari, vous comprenez... Il était d'accord, évidemment, mais...

— Eh bien, où est donc le problème ! s'écria-t-on. Un mari doit toujours subvenir aux besoins de sa femme, non ?

— Oui, oui, accorda Fatima embarrassée. Mais enfin, peut-être pas pour les outils de jardin... Et je ne fais plus rien à la maison à présent... Je n'ai plus le temps, alors — Fatima rougit de plus belle — j'ai une femme de ménage qui me remplace et... »

Fatima ne savait plus où se fourrer. Elle était ulcérée de parler de sa femme de ménage à ces gens. Ils allaient la prendre pour une fainéante, en plus !

« Chère amie ! s'exclama chaleureusement quelqu'un. Vous faites un travail si considérable ! Si exceptionnel ! Tout ceci n'est que détails, voyons, ne vous inquiétez pas, c'est une question de signatures... euh... quelques règlements idiots et administratifs... Vous savez comment c'est !

— C'est juste une question de temps, renchérit un autre.

— Ah, de temps ! — Fatima sentait l'espoir renaître — Combien de temps ?

— Euh, voyons, nous sommes en novembre... Quelques mois... En mars ou avril tout sera réglé bien sûr !

— Mars ou avril... Mais, mais... J'aurai terminé mon travail... Nous avions convenu... et puis... Ah... »

Fatima bredouillait lamentablement. Elle n'avait jamais été préparée à une telle situation.

« Écoutez, s'impatienta quelqu'un. Faites donc plutôt le travail pour lequel vous êtes là !

— On vous a déjà accordé le droit d'être responsable de ce potager, ce qui n'est pas si mal, ma chère ! C'est une preuve de confiance, cela, n'est-ce-pas ? Voudriez-vous aussi, par hasard, avoir les avantages des jardiniers de carrière et toucher régulièrement de l'argent comme tout le monde ? »

La commission s'énervait presque à présent. Enfin, quelqu'un asséna :

« Ma chère, une chose est certaine, vous allez peut-être nous tirer d'un mauvais pas avec ce potager qui nous pose de sacrés problèmes mais ce n'est tout de même pas normal qu'il faille compter sur des gens comme vous pour régler cette sorte de problèmes... »

Fatima, cette fois, perdit pied totalement. Comment expliquer que, justement, c'était parce qu'elle n'était pas jardinier de carrière qu'elle était ce qu'elle était, qu'elle pouvait ce qu'elle pouvait...

A la maison, Dj'ha attendait Fatima avec impatience. Il avait préparé une shorba comme elle aimait. Et un couscous avec beaucoup de courgettes et de navets. Il fonça vers ses fourneaux dès qu'il entendit son pas dans l'escalier. Le pas de Fatima était lourd, lourd, mais lourd, dans l'escalier.

*
* *

Le Djeloul

La nuit devrait tomber bientôt derrière les volets clos.
La chambre est éclairée par deux bougies fichées dans des
verres à moutarde. Les femmes sont accroupies, les filles
au milieu des mères. L'une d'elles joue du bendir en sour-
dine. Une autre module un chant de gorge, hésite, s'arrête,
reprend en cherchant le ton. Puis la voix enfle, poussée
par le bendir. C'est lui qui réchauffe les esprits encore
chargés des images du dehors, de cet après-midi sec et
froid d'avril. Il faut attendre encore...

Le chant monte, grave, dansant. Il appelle ce qui se
tait au fond de nous, et que délivre le Djeloul. Il faut
attendre...

Des femmes ont fermé les yeux pour écouter. L'une
d'elles va se lever pour danser. Le bendir l'encourage. La
femme qui danse prend le relais de la chanteuse. Elle
parle en arabe mais c'est aussi un chant plaintif :

« Oh, ma fille, es-tu morte ? dit-elle. Je sens ton esprit
empoisonné. Que cherches-tu ? Dis-moi, que cherches-tu ?
Pourquoi cette honte entre nous... »

Son corps s'agite plus violemment. Les mots fléchis-
sent, se brisent en invoquant le Saint protecteur.

« Sidi Boumedienne nous vienne en aide ! Quelle
misère plus profonde puis-je atteindre si ma fille me dés-
honore... Ai-je tant péché ? O ma chère fille, cœur de mon
cœur, que nous restera-t-il à faire ? »

Une jeune fille au bras plâtré tremble et se balance
d'avant en arrière entre les bras de sa tante. Accroupie,
tête baissée, sa chevelure dénouée lui couvre le visage.
Une femme s'est levée puis une autre pour soutenir la
danseuse éperdue à présent. Elles la portent presque pour
l'empêcher de tomber puis elles l'entraînent, l'allongent,
lui caressent la tête et les épaules. Elles l'apaisent peu à
peu, recouvrant sa figure d'un voile.

Alors la jeune fille se lève à son tour. Pieds nus, elle danse avec son bras en écharpe qui la retient au début. Puis elle parle :

« O ma mère, tu as peur de moi aussi. Tu veux me marier pour ne pas me perdre. Je ne veux pas me perdre et je ne veux pas de ce mari...

— *Tu dois obéir, lui souffle quelqu'un.*

— *Je vais trop vite, oui, je vais trop vite,* » répond-elle.

Elle tourne, tourne, de plus en plus vite et s'effondre un peu plus loin.

« *Le Djeloul naît de la douleur, m'explique Aïcha plus tard. Il permet de tout dire ce qu'on a sur le cœur.* »

La cascade des amoureux

Saïd aimait follement Mouna, son amie d'enfance.
Mouna était belle avec ses cheveux noirs qui retom-
baient jusqu'aux chevilles. Quand elle atteignit quinze
ans, elle sut que jamais son père ne la donnerait à
Saïd car il voulait la marier à un riche fermier, un
homme âgé qui avait déjà de grands enfants de l'âge
de Saïd et Mouna. Elle essaya d'expliquer à sa mère
qu'elle aimait Saïd mais sa mère ne comprit pas comment sa fille pouvait ainsi se rebeller contre l'ordre
du père. Elle ne voulut rien entendre.

Mouna alla chercher Saïd et ils se rendirent dans
leur jardin secret, sous une merveilleuse cascade
d'eau pure qui plongeait dans un gouffre. Mouna fit
part à Saïd de la décision de son père. Ils pleurèrent
toutes leurs larmes puis se révoltèrent contre un sort
aussi injuste. Ils décidèrent de monter jusqu'en haut
de la cascade et de rejoindre la route qui conduisait à
la ville. Mais comme il se faisait tard, ils remirent
leur fuite au lendemain.

Le père eut vent de l'affaire par sa femme, Mouna
s'étant confiée à elle. Le lendemain, il suivit sa fille, la
vit rejoindre Saïd, ce misérable berger, ce moins que
rien ! Fou de rage, le père se précipita sur sa fille et
l'attrapa par les cheveux alors qu'elle atteignait le
haut de la cascade. La jeune fille voulut se débattre

mais tomba dans le précipice. Fou de chagrin, Saïd s'élança alors dans le vide.

Quand, le lendemain, les gens du village vinrent repêcher leurs corps, ils trouvèrent la cascade pétrifiée, gardant jalousement le corps des deux amoureux.

*
* *

Qui suis-je ?

Nous sommes tout engourdis, assis là au soleil, sur les marches du préfabriqué que la bande guigne depuis des lustres, mais le club du « 3e âge » résiste dur.

« Les Français se débarrassent de leurs vieux ; ils ne les aiment pas comme chez nous. Moi, ma grand-mère, c'est la reine à la maison », m'explique Brahimi. Le silence retombe, les bribes de conversation aussi, mollement, dans cet engourdissement qui tourne peu à peu en bien-être, lequel nous rend patients à l'égard de ces sentiments brouillons qui fermentent autour de nous.

D'habitude, je suis plus à l'aise avec les anciens qu'avec les jeunes, garçons surtout, mais cet après-midi tiède a raison de mes défenses. La discussion monte entre Olivier et Saïd, et soudain le cri d'Olivier me fait sursauter comme les autres.

Le garçon s'est campé devant moi.

« Dis-moi qui je suis, l'écrivain !... Je suis italien par ma mère, arabe par mon père, et français en ce moment... Et pied-noir aussi, et américain ! Et toi, qui es-tu ? et vous autres ? »

Brahimi rit en silence à mes côtés. Olivier l'amuse avec ses « problèmes d'identité » comme il dit.

« Les gens ici parlent le Roubignoule, m'explique-t-il. C'est le patois du coin... Alors nous autres on parle le Roubougnoule, c'est un patois du patois, tu comprends ? »

Brahimi de Roubaix

Brahimi est né à Roubaix. Cet été, pour la première fois, il est descendu au bord de la Méditerranée. Son grand frère habite Nice depuis qu'il a trouvé du travail.

Le premier jour, Brahimi découvre le soleil.

Le deuxième jour, il découvre le soleil, les palmiers et les Américains.

Le troisième jour, il découvre le soleil, les palmiers, les Américains et son accent du Nord.

Sur la promenade des Anglais, il apprend à distinguer les étrangers par leurs accents. C'est Salvator, un Niçois, qui lui explique cela : il y a l'accent parisien, l'accent alsacien, l'accent marseillais, l'accent toulousain, l'accent ch'timi, comme le sien, et, bien sûr, l'accent anglais, l'accent hollandais, etc.

« Tout le monde est donc étranger, ici, dit-il quand il entend Salvator se moquer de l'accent des Marseillais.

— Eux, c'est les pires !

— Mais vous avez le même accent ! s'étonne Brahimi.

— Ne redis jamais ça, hein ? crache l'autre avec mépris. Les Marseillais, c'est une sale race ! Leur accent me débecte.

— Ah ouais ? Et moi alors ?

— Quoi, toi alors ?

— J'suis un Arabe, dit Brahimi mi-figue mi-raisin.

— Peut-être mais tu n'es pas un Arabe de Marseille. Ton accent est rigolo. On dirait un Belge qui parle.

— Bon sang, s'énerve Brahimi. Ne me prends pas pour un Belge, hein ? J'suis arabe, je te dis ! A Roubaix, c'est une insulte.

— Ici aussi mais pour moi t'es pas un vrai Arabe, répond l'autre conciliant. C'est pas possible avec l'accent que tu as. Si tu étais de Marseille, je ne dis pas... Mais tu as une carte d'identité française et l'accent du Nord. Les gens du Nord, c'est pas comme les Marseillais. C'est des vrais étrangers. Je les respecte.

— Arrête, je vais pleurer, ricane Brahimi.

— A Nice, on est niçois, tu comprends, poursuit Salvator. Mes parents étaient italiens. Maintenant, ils sont français, mais de Nice.

— Et les Arabes de Nice, alors ? C'est des Niçois eux aussi ?

— Non ! ... C'est... Ceux-là, c'est autre chose. Il ne faut pas les compter. C'est des Arabes...

— Comme moi.

— C'est pas la même chose, tu m'énerves ! Toi, tu es en vacances. Tu viens du Nord. Là-bas c'est ton pays.

— Ah mon pays... Si tu savais le nombre de types de là-bas qui m'ont dit de retourner dans mon pays. Tu ne l'as jamais dit à aucun Arabe d'ici, toi ?

— Je l'ai dit, bien sûr que je l'ai dit ! Et à moi aussi on me l'a dit, figure-toi. A l'école, quand j'étais petit. Je parlais à moitié italien. C'était la castagne perpétuelle ! ... Et puis, c'est idiot ce qu'on raconte, reprend Salvator en haussant les épaules. Allez, viens, j'ai repéré deux Hollandaises tout à l'heure. Elles aiment les beaux bruns dans notre genre, le type méditerranéen, si tu vois ce que je veux dire », il rit.

Brahimi soupire en emboîtant le pas du garçon.

Le soir, il se retrouve par hasard devant la gare de Nice. Il ne sait pas comment il est arrivé là. Il s'ennuyait sans doute et puis la gare lui rappelle Roubaix. Il cherche le train de nuit qui part pour Lille dans quelques minutes. Il se surprend à dévisager les gens pressés autour de lui. Il se mêle à ceux qui courent le long du quai numéro 2... Le train de Lille vient d'Italie... Brahimi agite les bras en souriant quand le train s'ébranle.

Ensuite, chaque soir, Brahimi a rendez-vous avec le train de Lille. Il court le long du quai pour lui dire au revoir. Des visages familiers se penchent aux fenêtres. Ils croiseront, demain, ses copains de Roubaix. Brahimi les salue avec enthousiasme. A cet instant, il n'est pas étranger.

*
* *

Les Ray-Ban

Cette histoire se passe vers 1970, à l'époque où la passion des pantalons à pattes d'éléphant ravageait la ville. La fièvre venait juste de prendre un tour plus mesuré — c'est-à-dire que tout le monde à présent possédait l'une de ces merveilles bleu-pétrole, jaune citron ou vert pistache — quand Kamel, qui frisait les quatorze ans à ce moment-là, put enfin négocier, contre un nombre de devoirs de maths impressionnant, le pantalon à pattes d'éléphant du fils du boulanger de la rue Pavée qu'il reluquait depuis des semaines. Ni Kamel ni ses copains de la place de l'Abattoir ne pouvaient se payer cet article indispensable du frimeur roubaisien.

Mais hélas, le jour où Kamel enfila avec l'idée de ne plus jamais l'enlever son pantalon à pattes d'éléphant, la fureur des lunettes Ray-Ban s'abattit sur Roubaix... Le film « Easy Rider » venait de passer au Colisée, et tout ce que la ville comptait de garçons à mobylette se changea soudain en cow-boy sur Harley Davidson, comme Fonda dans le film avec ses fabuleuses Ray-Ban qui reflétaient le désert américain. L'accessoire indispensable du dragueur roubaisien tenait à présent à ce bout de métal et de verres miroitants qui mangeaient les joues et masquaient un énigmatique regard... Écœuré, Kamel vit le regard des filles changer de direction, remonter des jambes vers la tête et chercher leur reflet dans les verres miroitants ! ... Tout était à recommencer avec le fils du boulanger qui arborait ses Ray-Ban depuis trois jours, pensait Kamel enragé, d'autant que lui, côté frime, c'était plutôt Woody Allen que Peter Fonda... Il portait des lunettes de vue à foyer épais et monture rectangulaire de la sécurité sociale. Difficile pour les filles de chercher leur reflet dans des lunettes pareilles !

Il fallait donc frapper un grand coup. Avec deux de ses copains de la place de l'Abattoir — Bongo, un grand Noir marocain, et Rabah qui avait une sœur intéressante — il ratissa la ville à la recherche de Ray-Ban. Cette fois, c'était décidé, ils seraient parmi les premiers à posséder la nouvelle merveille. Ils commencèrent par « Au gaspillage », la grande droguerie du centre, mais il n'y avait là que des lunettes de soleil classiques. Bongo, l'as de ce genre d'opération, en piqua deux paires mais sans conviction, presque à regret.

« On attaque Monoprix ! » lança Kamel en sortant aux deux autres. Il était vraiment prêt à tout pour dire une chose pareille. Monoprix était l'endroit le plus surveillé de la ville et si Bongo avait l'habitude, Kamel, lui, opérait pour la première fois de sa vie.

A présent, le cœur dans la gorge, il s'avançait entre les rayons. Bongo leur avait expliqué comment procéder. Pendant que Kamel et Rabah détournaient l'attention des vendeuses en farfouillant à droite et à gauche avec l'air des types qui font semblant mais n'en pensent pas moins, Bongo, lui, se transformerait en homme invisible devant le présentoir des lunettes de soleil. Il y avait là des imitations presque parfaites de Ray-Ban qui miroitaient sous les néons dans l'attente des beaux ténébreux roubaisiens... Dans son pantalon en velours jaune soleil et sa veste bleu-orient, Kamel avait l'impression que des dizaines de paires d'yeux convergeaient vers lui. Les tempes bourdonnantes, il avançait sans rien voir. Un siècle s'écoula avant que Bongo, d'un signe, ne leur désigna la porte. Kamel s'y traîna, plus mort que vif. Il eut l'impression de renaître en se retrouvant à l'air libre.

« Tu les as ? dit Rabah près de lui.

— Trois paires », oui, jubila Bongo en les entraînant dans la Grand'Rue.

Un soupir de soulagement indicible fut la seule réponse de Kamel. A cet instant, il pensait que plus jamais il ne revivrait de pareilles minutes. Mais il n'osa pas le dire tout haut.

Soudain, Rabah se pétrifia.

« Ma sœur ! cria-t-il en se tapant le front. J'ai promis à ma sœur de lui en rapporter une paire...

— Oh, non ! » gémit Kamel.

Le cauchemar recommençait.

« Elle va m'arracher les yeux, poursuivait Rabah. J'ai promis. »

Cet imbécile avait engagé sa parole. Il n'était pas question d'offrir à Sélima les Ray-Ban de l'un d'entre eux. Ça jamais ! Il n'était pas question non plus de lui déplaire. Sélima était jolie et...

« Bon. Toi, tu attends ici avec le stock, ordonna Bongo à Kamel. J'y retourne avec Rabah. »

Kamel lui en fut reconnaissant. L'idée de retourner dans cet enfer le rendait malade. Il prit donc les trois paires de lunettes des mains de Bongo, en fourra une dans la poche gauche de sa veste, une autre dans la poche droite, glissa la troisième machinalement dans sa ceinture, sous la veste bleu-orient d'une taille trop grande. Bongo lui refila également les deux paires de lunettes piquées au « Gaspillage ». Kamel les rangea dans les poches intérieures de sa veste. Un vrai stock ambulant, pensa-t-il en souriant aux anges.

Trois minutes plus tard, Bongo et Rabah étaient de retour, la mine triomphante. Kamel se voyait déjà avec ses pattes d'éléphant, sa veste bleu-orient, un foulard négligemment noué autour du cou et les Ray-Ban à la place de cette horreur qui lui rapetissait les yeux. Aucune fille ne résisterait au nouveau Kamel...

Bongo et Rabah riaient en se donnant de grandes bourrades dans le dos. Tout le monde s'apprêtait à fêter la victoire quand soudain la terre trembla, le monde vacilla. Kamel se sentit soulevé de terre. Rabah et Bongo s'envolaient avec lui. Un poids terrible pesa sur leurs épaules tandis qu'une grosse voix grondait :

« Voleurs ! Espèces de petits voleurs, j'vous ai repérés de ma cabine ! Ça ne se passera pas comme ça ! Allez, ouste ! »

En plein Grande-Rue, devant cent cinquante Roubaisiens, le surveillant du Monoprix les propulsait devant lui, ses grosses mains leur pétrissant douloureusement les épaules. Kamel, Rabah et Bongo touchaient à peine le sol en retraversant sur toute sa longueur — et Dieu, que c'était long ! — le Monoprix de Roubaix, sous l'œil goguenard des clients, des vendeuses, du monde entier ! Kamel sentait ses joues s'enflammer comme des torches, la peur embuait ses verres de lunettes, la sueur lui dégoulinait dans le dos.

« J'vais appeler la police », grondait le surveillant à ses oreilles. Sa voix devait s'entendre jusqu'à la place de l'Abattoir où habitaient ses parents. « Imma ! Imma ! »...

A côté de ce qu'il venait de vivre, la fouille dans le bureau du premier étage et le sermon qui suivit parut presque une partie de plaisir. Les trois garçons opinaient du chef à chaque vocifération du bonhomme. Comme Kamel portait le stock, l'homme s'adressait surtout à lui... Il y eut une courte discussion sur les lunettes piquées « Au Gaspillage ».

« Celles-là sont à nous ! affirma Rabah avec l'air du type prêt à se battre contre l'injustice.

— Je le vois bien », admit le surveillant en pinçant les lèvres.

Depuis quelques secondes, Kamel, qui n'avait pratiquement pas ouvert la bouche, sentait de nouveau le cœur lui remonter dans la gorge. En le fouillant, l'homme avait eu le geste classique du flic qui tâte le prévenu latéralement. Kamel pensait à la paire de Ray-Ban glissée entre sa ceinture et sa chemise dans son dos. L'homme ne l'avait pas découverte... Fallait-il ou non le lui dire ? Une torture plus insidieuse commença alors pour Kamel. Tandis que Rabah, dont la mère était chrétienne et le père musulman, racontait une histoire épouvantable d'enfant martyr empêché par le père de suivre le catéchisme, tandis que Bongo faisait surgir d'on ne sait où un épais dossier de l'ANPE comme quoi il était convoqué cet après-midi même pour une place dont dépendait son sort futur d'employé modèle, tandis que le surveillant attendri évoquait la Bible, l'histoire Sainte et tous les diables de l'enfer, Kamel pâlissait et rougissait tour à tour au sujet de cette fichue paire de Ray-Ban qui lui grattait effroyablement les reins...

« Bien, dit l'homme enfin en se levant. Je n'appellerai pas la police. Mais vous resterez jusqu'à la fermeture du magasin. Comme punition, vous allez nettoyer tous les caddies de l'entrée. Venez. Suivez-moi... »

Ils n'avaient jamais vu autant de caddies sales de leur vie. Le type leur fourra dans les bras des éponges et des seaux remplis de détergent, continuant à leur faire la morale sans se préoccuper de la foule qui passait et repassait devant les caisses. Les trois garçons têtes baissées se mirent au travail. Bongo tenta bien de replacer son rendez-vous à l'ANPE mais l'homme ne l'écoutait plus. Il s'était tourné vers Kamel.

« Enlève ta veste, toi, dit-il d'un air sévère. Tu vas la salir et c'est encore ta pauvre mère qui devra la nettoyer, hein ? »

Kamel plongea aussitôt derrière une file de caddies. Que faire ? Que faire ? Il cria « Oui, oui », en cherchant désespérément des yeux un endroit où accrocher sa veste sans se retourner. Si le type découvrait les Ray-Ban, ç'en était fait de lui !

« Enlève ta veste ! » cria l'homme d'une voix tonitruante qui couvrait le brouhaha du magasin. Des gens s'arrêtaient pour assister à la scène. Kamel jeta un coup d'œil suppliant aux deux autres, Bongo se précipita brandissant son dossier pour détourner l'attention sur lui, Rabah fit tomber un caddy sur les pieds d'une cliente. Pendant les quelques secondes de confusion, Kamel se précipita contre le mur, ôta sa veste et, en se contorsionnant dans tous les sens, parvint à l'accrocher dans l'angle d'une porte. A présent, il se sentait nu comme un ver, le dos au mur ! Il s'accroupit aussitôt sur ses talons et fixa avec déses-poir l'homme debout à trois mètres à travers les minces barreaux métalliques des caddies. Jamais de sa vie il n'avait autant transpiré !

« C'est mieux, grommela le surveillant. A présent, au travail, les enfants ! »

Et il quitta la place. Le reste était facile. D'un geste vif, Kamel attrapa ses Ray-Ban, les fourra dans sa chaussette, sous le pantalon jaune et s'affala par terre, pris de vertige.

« Ouf ! ».

Les deux heures suivantes furent pénibles d'une autre manière. Il fallait subir les regards moqueurs des vendeuses et des caissières. Bongo eut finalement le droit de se rendre à son rendez-vous sur le coup de cinq heures avec la promesse de revenir... Évidem-ment, Bongo ne revint pas et Kamel et Rabah, qui avaient accepté de faire son travail en attendant, durent rester jusqu'à la fermeture à nettoyer des dizaines de caddies... L'odeur du détergent les pour-suivit pendant des jours, mais Kamel, méconnaissable avec sa veste bleu-orient, son pantalon en velours jaune à pattes d'éléphant, son foulard vert noué autour du cou et ses Ray-Ban aux verres miroitants, fit des ravages dans la ville. Un seul inconvénient, avec sa myopie, il devait faire très attention quand il marchait...

*
* *

64

Le désir et la promesse

Pour cette veillée, les hommes sont absents. Certains viendront plus tard chercher leurs femmes et leurs filles. Les enfants sont partout en même temps. La télévision dont on a juste coupé le son brille dans un coin ; présence muette, nécessaire et délaissée comme cela se passe en Amérique... Quelques adolescents agités de turbulences entrent et sortent, curieux de nos récits mais aussitôt happés par le dehors, les copains qui ont leurs habitudes au bout de la rue.

Trois générations de femmes sont réunies et l'Ogresse paraît sans s'annoncer. L'impudente prend ses aises avec nous, certaine d'être entendue, nous nous comprenons si bien ! C'est donc de l'Ogresse que nous parlerons cette nuit.

Entre deux contes, la mère de Nacera tient à me raconter l'histoire de sa tante, une histoire vraie, celle-là, et qui est arrivée il y a peu de temps, cinq ans à peine, car il ne faut pas parler en vain.

Cette tante qui ne pouvait avoir d'enfant, fit un jour à Dieu la promesse, si elle avait un garçon, de payer le prix fort :

« Même si je dois devenir folle, même si je dois devenir muette ! » avait-elle juré, dans son grand désir d'un enfant. Son vœu se réalisa peu après et, jusqu'à ce jour, oui, jusqu'à ce jour, la tante est muette. L'enfant a cinq ans à présent. Depuis sa naissance, la mère n'a plus dit un seul mot et parle « avec ses mains ».

L'amour d'une mère 1

Une femme se désolait de n'avoir pas d'enfant et refusait son destin. Elle harcelait Dieu de prières et de supplications, lui cassait la tête à longueur de journées. Elle voulait, disait-elle, un enfant « à n'importe quel prix ! »

Un jour, elle se mit en colère et s'écria :

« Donne-moi un enfant, même une fille, même un monstre, mais donne-moi un enfant !

— Bon, d'accord », dit Dieu qui en avait assez de ses récriminations.

La femme tomba enceinte et accoucha neuf mois plus tard d'une petite fille. Elle en pleura de joie.

Mais dès sa naissance, l'enfant montra un appétit insatiable. Plus elle tétait sa mère et plus elle réclamait le sein. Elle vida les réserves de lait maternel en quelques jours. Sa mère dut traire les vingt chèvres de l'enclos pour satisfaire son appétit quotidien. Puis le lait des chèvres ne suffit plus.

« Je n'en ai pas assez », se plaignit l'enfant.

Alors la mère se mit à traire le lait des dix vaches de l'enclos, puis celui des cinquante brebis.

L'enfant grandissait et sa faim ne s'apaisait jamais.

« Je veux de la viande fraîche », sanglota-t-elle bientôt.

Alors la mère comprit que Dieu lui avait donné l'enfant désiré « à n'importe quel prix ! » Mais parce qu'elle aimait sa fille, elle cacha à tous que c'était un monstre.

Elle dépensa sa dot personnelle, vendit ses bijoux pour la nourrir de quartiers de bœuf qu'elle allait acheter, à l'insu de son mari et des gens du village, à la ville voisine.

L'enfant se développait à une vitesse qui tenait du prodige et les gens félicitaient ses parents pour avoir mis au monde une enfant si précoce.

Une nuit, la fille eut si faim qu'elle dévora un mouton dans l'enclos de son père. Une autre nuit, elle se rendit chez les voisins. Elle fit ainsi le tour du village. Mais bientôt, on s'aperçut qu'il manquait des bêtes. Après les moutons et les chèvres, l'ogresse s'attaqua aux vaches et même aux chevaux. Les hommes firent des battues dans la campagne, on monta la garde devant les enclos, mais personne ne se méfiait de la fillette qui trottait dans les prés.

Une nuit le père de l'ogresse l'entendit se lever. Il la suivit croyant qu'elle était somnambule. Quelle ne fut pas son épouvante de la voir s'attaquer avec une force peu commune à trois de ses plus belles brebis, les tuer en un rien de temps et les dévorer aussi vite !

Il se précipita pour avertir sa femme :

« Notre fille est un monstre, dit-il. Il nous faut fuir ou la tuer !

— C'est mon enfant, gémit la femme. Tue-moi donc avec elle puisqu'elle n'a pas demandé à naître. Je l'ai voulue, je l'ai eue. Je ne peux pas l'abandonner... »

Tandis que l'ogresse dormait, l'homme courut chez tous les habitants du village.

« La malédiction est sur nous ! dit-il. Fuyons. Ma fille est un monstre. Et ma femme la protège. Fuyons, sinon l'ogresse nous aura dévorés d'ici peu, nous aussi. »

Abandonnant là leurs troupeaux et tous leurs biens, les villageois s'enfuirent.

Au matin, il ne restait plus dans le village que l'ogresse et sa mère.

Du temps passa. La mère de l'ogresse s'occupait à élever chèvres, brebis, vaches et chevaux, pour nourrir sa fille. Celle-ci ne manqua de rien pendant quelques temps.

Mais son appétit grandissait plus vite que les agneaux, les chevreaux et les veaux nouveaux-nés.

Quand toute la nourriture du village fut épuisée, que la dernière bête fut avalée, l'ogresse réclama à manger :

« J'ai encore faim, ma mère, sanglota-t-elle. J'ai encore faim. J'ai toujours faim !

— Eh bien, il te reste encore à me manger, ma fille, » dit la mère.

Et elle se laissa dévorer.

Cette ogresse hante encore aujourd'hui les montagnes des Aurès, en Algérie, parcourant les chemins, la nuit, en sanglotant qu'elle a faim, qu'elle a toujours faim.

*
* *

L'amour d'une mère 2

Il était une fois une mère qui adorait son fils. Elle lui préparait ses plats préférés, ne l'engueulait jamais et lui passait tous ses caprices. A longueur de journée, elle s'écriait :

« Par le Dieu Tout-Puissant, mon fils, si la mort entre un jour dans cette maison, qu'elle se jette sur moi et non sur toi ! »

A tout bout de champ, la mère répétait cette chanson :

« Par le Dieu Tout-Puissant, mon fils chéri, si la mort entre dans cette maison, qu'elle se jette sur moi et non sur toi ! »

Un jour, le garçon rapporta la chose à son copain. Il vanta son excellente mère.

« Et tous les jours, ma mère me répète qu'elle préfère que la mort se jette sur elle plutôt que sur moi, asséna-t-il comme l'autre n'avait pas l'air de le croire.

— Tu tiens vraiment à savoir si ta mère t'aime autant qu'elle le dit ? répliqua le copain. Alors, prends un coq, plume-le vivant, enroule-le dans un drap et lâche-le sur toi en criant : « Maman ! Maman ! la mort est sur moi ! »

— D'accord. Tu verras bien, » dit le garçon.

Il rentra chez lui, pluma un coq vivant, l'entortilla dans un drap et attendit sa mère. Quand il entendit ses pas dans le couloir, il se jeta à terre et lâcha le

71

paquet sur son ventre. La bestiole affolée se mit à le piétiner en tout sens pour s'échapper.

« Maman ! Maman ! hurla le garçon. La mort est sur moi ! Prends-la ! Prends-la ! » tandis que le coq se précipitait vers la mère.

Celle-ci, épouvantée, se mit à hurler :

« Non ! Non ! je préfère que la mort reste sur toi ! Garde-la ! Garde-la ! »

Et de s'enfuir comme une folle à l'autre bout du quartier.

Morale de l'histoire : « Qui trop adore, aime mal ! »

*
* *

Et Dieu créa la mère

L'ancienne se met à rire :
« Et maintenant dis-moi qui a créé l'homme ? »
Moi :
« Euh, c'est Dieu. »
L'ancienne :
« Non. C'est sa mère. Et qui a créé la mère ? »
Moi hésitant :
« Dieu ? »
L'ancienne :
« Oui. Mais elle était déjà enceinte ! »

Plus tard, Ali confirme, lors d'une veillée, avec ce poème qu'il improvise :
« La femme est le courage de l'homme, le chauffage de l'homme, la force de l'homme. La femme possède l'homme, elle est le médecin de l'homme. J'ai aimé une femme pendant 19 ans. A présent, j'en ai 26. Pendant 7 ans, je n'en ai rien su. Cette femme, c'est ma mère. »

« Imma ! Imma ! »

Rien de tout cela ne serait arrivé, sans ce détour imprévu par chez « Tati », car c'est là qu'on a perdu imma Laldja, imma Fatima et imma Tassadit. On les a perdues dans la foule qui déborde du magasin jusqu'au milieu du boulevard Barbès-Rochechouart.

Pourtant, ce voyage à Paris avait été préparé de longue date par Dominique et le groupe-femmes de l'Alma qui suivaient le stage d'insertion... Tout avait été minuté, le Centre Beaubourg, la tour Eiffel, la mosquée de Paris et son hammam, les visites d'entreprises, bref, un menu complet, peut-être un peu lourd à digérer en une seule journée... Par respect et pour leur faire plaisir, on avait invité les trois grand-mères, imma Laldja, imma Fatima et imma Tassadit qui nous donnaient des cours de tissage et de poterie kabyles pendant le stage...

On était descendu du train de Roubaix à la gare du Nord vers les 9 heures du matin et on avait commencé le circuit au pas de charge. C'est en sortant de la mosquée que les choses se gâtèrent... Le hammam avait assoupli les esprits et quelqu'un lança l'idée de Tati. Pour les maghrébines du groupe, ce fut comme un signal. Tati, on avait oublié Tati dans le programme ! Vous connaissez Tati ? Si vous ne connaissez pas Tati vous ne connaissez rien. Tati, c'est La Mecque des cadeaux pour la famille, la Providence des mariages et des rentrées des classes, c'est le temple du vêtement neuf, mode, pas cher et abondant. On suit les articles de Tati jusqu'à Biskra, jusqu'au fin fond des Aurès... Si tu descends du train de Paris, à Roubaix, sans tes sacs en plastique roses et bleus marqués « TATI » en grand, c'est comme si tu n'étais jamais sorti de chez toi...

C'est là, chez Tati, qu'on a perdu les anciennes du groupe. Ça a été tout de suite la panique. On s'est mise à courir partout pour repérer leur foulard dans la foule. Mais des foulards comme elles en portaient, il y en avait dans tous les coins, autour de nous, et des vieilles dames tatouées aussi. On a dû en bousculer plus d'une dans notre affolement. Imma Laldja, imma Fatima et imma Tassadit débarquaient de province, elles ne savaient pas lire, prendre le métro, il ne fallait pas y songer, elles connaissaient trois mots de français et le billet collectif du retour était dans le sac de Dominique... Inutile de vous préciser la quantité d'adrénaline gâchée dans les minutes qui ont suivi leur disparition... Et il n'était pas question de rater le train de 6 heures. Rien qu'à imaginer la tête des maris attendant notre arrivée par le train de 9 heures du soir...

Il était déjà plus de 5 heures à l'horloge de Barbès.

Imma Laldja, imma Fatima et imma Tassadit, emportées de droite et de gauche, avaient fini par se retrouver au beau milieu des embouteillages du carrefour Magenta. Imma Laldja étant la plus âgée, le contrôle de la situation lui revenait. Les deux autres se serrèrent contre elle.

Imma Laldja prit une forte inspiration. Cinq ans auparavant son mari l'avait amenée chez Tati... Son œil perçant fit le tour du carrefour. Oui, c'est bien cela, il fallait descendre une grande rue pour rejoindre à main gauche la gare du Nord.

« C'est par là », dit-elle en pointant le menton avec autorité. On va les attendre à la gare, devant le train. »

Parler kabyle au milieu de ce tintamarre était réconfortant. Et puis sa mémoire souveraine d'analphabète scintillait comme une boussole interne. Elle haussa les épaules en entraînant les deux autres.

« C'est facile, répétait-elle. C'est rien du tout... » Et elle toisait la longue file d'automobiles qui avançaient au pas. Imma Fatima et imma Tassadit, accrochées à son bras, enregistraient à leur tour les détails du parcours.

Il était un peu plus de 5 heures et demie quand elles pénétrèrent dans la gare du Nord. Le tableau électronique les narguait inutilement, elles ne levèrent même pas la tête vers lui. Mais des trains, il y en avait partout devant elles. Lequel était le bon ?

« On va se mettre au milieu du passage et on va attendre », dit imma Laldja un peu crispée tout de même. Elle n'osait pas encore arrêter quelqu'un dans la foule qui grouillait autour d'elles. Les gens les bousculaient, pressés, grommelant, anxieux d'attraper leur train ou de quitter la gare. Elles restaient plantées là toutes les trois dans l'attente de Dominique et des autres, s'énervant un peu, leurs sacs bien serrés contre elles, saoules de tout ce bruit et ce mouvement.

Il y eut soudain un cri d'avertissement puis un crissement de freins. Elles sursautèrent et reculèrent précipitamment tandis qu'un chariot à bagages pilait devant elles.

« Et la voie de priorité ? » cria le conducteur en français. C'était un jeune Maghrébin à l'allure gouailleuse, exaspéré pour le moment par la foule qui occupait son rail de priorité le long des voies. Le garçon fronça les sourcils quand il découvrit soudain à qui il parlait. Imma Laldja, imma Fatima et imma Tassadit lui parurent quelque peu hagardes. De plus, personne ne les accompagnaient. Visiblement, elles avaient besoin d'aide.

Le sang du garçon ne fit qu'un tour...

Il sauta au bas de son engin et se précipita.

« Qu'est-ce qui se passe ? D'où sortez-vous ? demanda-t-il en arabe.

— On a perdu le « groupe » lança imma Laldja, contente de voir ce conducteur d'engin s'occuper d'elles — elle avait dit « groupe » en français mais le reste en arabe. On vient de chez « Tati » — elle montra leurs paquets. Tu connais le train pour Roubaix, mon fils ? Mais on n'a pas de billets...

— Imma ! cria le garçon. Vous êtes perdues alors ? Bon. Je vais m'occuper de vous — il frémissait de voir ces trois vieilles toutes seules sans personne pour prendre soin d'elles. Imma ! répéta-t-il. Ne bougez pas. Je vais demander au chef de faire une annonce à la « sono ». Ne vous affolez pas. Si on ne les retrouve pas, je vous accompagnerai moi-même...

— Mais... les billets », souffla imma Tassadit en kabyle. Elle ne parlait pas l'arabe mais le comprenait.

Le garçon sursauta, retrouvant aussitôt sa langue maternelle.

« Vous êtes kabyles ? ... ah...

— Toi aussi, mon fils », dit imma Laldja en souriant largement.

Toutes trois se détendaient à présent. Les gens devaient faire un grand cercle pour éviter leur groupe près du chariot. Elles racontaient avec force les détails de leur aventure. La famille du garçon venait de Sidi Aïch, imma Tassadit aussi. De là à se retrouver des liens de parenté... On commença à se donner des nouvelles.

Mais le temps passait. Il fallait s'occuper de lancer l'appel. Le garçon s'apprêtait à les quitter en les suppliant pour la énième fois de ne surtout pas bouger.

Il fit quelques pas puis se retourna. Il oubliait le principal.

« Vous êtes venues avec qui, de la famille, je veux dire. Quel nom je demande ?

Imma Laldja éclata de rire.

— On n'est pas avec la famille. Demande le "stage d'insertion" de Roubaix » — elle avait dit « stage d'insertion » en français.

Le garçon eut un haut-le-corps. Il revint précipitamment sur ses pas.

— Qu'est-ce que vous dites ? S'étrangla-t-il. Vous faites un « stage d'insertion » ?

Les stages d'insertion, il connaissait. Il en avait

suivi un lui-même. Ça s'adressait aux jeunes, pas aux grands-mères... Elles se fichaient de lui ou quoi ?

— Bien sûr, mon fils, dit imma Laldja avec un grand sourire. Mais le stage, c'est pas pour nous... Nous, on est les « professorins » !

— Vous... QUOI ? — cette fois, il étouffait. Il rêvait. Il rêvait sûrement. Imma ! Imma ! cria-t-il en levant les yeux au ciel. Vous... vous êtes « professeurs » — lui aussi disait le mot en français. Et professeurs de quoi, Imma !

— De tissage et de poterie, mon fils, gloussa Laldja en lui tapotant le bras. On leur apprend le tissage de chez nous...

— Le tissage de chez nous... Dans un stage d'insertion... »

C'était trop. Il répétait cela en bégayant, la tête entre les mains, toutes ses catégories mentales chamboulées, tandis qu'imma Laldja, imma Fatima et imma Tassadit, très contentes de leur effet, lui jetaient des coups d'œil malicieux.

C'est à ce moment-là, précisément, qu'avec un grand cri, Dominique et Daouïa, suivies d'une quinzaine de femmes échevelées, françaises et maghrébines confondues, tombèrent dans les bras des trois grands-mères avec un soulagement indicible, avant de les entraîner, sous le nez du garçon dépassé par les événements, dans une course éperdue vers le train du retour.

Il était 6 heures moins deux minutes.

« Imma ! Imma ! » (1) répétait le conducteur de chariot en voyant les vieilles courir.

*
* *

---

(1) En français : « Oh ma mère ! Oh ma mère ! ». Quand un Français est dépassé par les événements, il crie : « Seigneur ! Seigneur ! », invoquant le Bon Dieu. Un Maghrébin, lui, s'adresse à sa mère.

En Algérie aussi

« J'ai fait le singe pendant vingt ans, me dit Fathia.

— Et tu veux que je te raconte des histoires ? reprend son mari. Mais j'ai tout oublié. Vingt ans ici... J'ai tout oublié... Tu demandes trop, française... »

Elles naîtront plus tard, les histoires, par bribes, par petits bouts à recoller. Youssef dit de sa mémoire qu'elle est tout en sueur, sous l'effort.

Plus tard encore, ce sera lui, Youssef, qui demandera à son beau-frère, à un cousin, d'enregistrer des histoires pour le livre. Il y eut des veillées où je n'étais pas présente pour cela. Il y en eut en Algérie aussi où des gens de Roubaix demandaient aux vieux du village des histoires pour « le livre de Roubaix »...

Comment Saïd ruina son oncle

Le jeune Saïd était gardien de troupeau au service de son oncle. Il ne possédait pour tout bien qu'un veau qu'il menait paître en compagnie du bétail de son oncle.

En arrivant au pré, chaque jour, il entravait les bêtes de l'oncle dans un coin où ne poussaient que des cailloux et s'occupait à engraisser son veau d'herbe bien tendre et bien grasse.

Mais la chose ne resta pas secrète. Chaque jour, en effet, la tante nettoyait l'étable pour ramasser la bouse lâchée par ses veaux et ses bœufs qui, une fois séchée, servait au chauffage de la maison. Or, depuis que Saïd travaillait au service de l'oncle, le troupeau ne lâchait plus rien tandis que le veau de Saïd était d'une générosité sans pareil !

Elle alerta son époux. Celui-ci décida de mener lui-même ses bêtes au pré le lendemain afin de comprendre le mystère.

A peine arrivé sur les lieux du pâturage, le veau de Saïd trotta vers les endroits où l'herbe était la plus grasse et s'y délecta tout le long du jour tandis que le troupeau de l'oncle, bête et discipliné, se dirigea droit vers le lieu de son entrave et s'y installa jusqu'à la nuit sans broncher.

Le soir, devant Saïd et sa femme assemblée, il raconta ce qu'il avait vu et ajouta d'un air naïf :

« Seul le veau de Saïd est un vrai veau qui se nourrit comme un veau. Les nôtres n'appartiennent pas à l'espèce bovine... Apprenez aussi que j'ai été agressé par un énorme sanglier et que je n'ai dû mon salut qu'à ma fuite. »

Tout le monde alla dormir.

Le lendemain, pendant que Saïd surveillait les bêtes comme à l'accoutumée, l'oncle prit son fusil et, marchant dans les ravines, se dissimula derrière une haie de figuiers de barbarie, tout près du troupeau. Quand il jugea la distance suffisante, le fusil parla. Le veau de Saïd tomba raide mort.

Saïd accourut criant et gesticulant.

« Qu'as-tu donc fait mon oncle, gémit-il. Tu m'as arraché mon unique bien. Tu m'as ruiné, trahi... Qu'est-ce que je vais devenir ? »

Et il se mit à pleurer.

« Comprends mon erreur, mon fils, expliqua l'oncle. J'ai cru voir cet énorme sanglier qui m'a attaqué hier à la même place. Et de loin, ma foi... »

Laissant là Saïd et ses lamentations, il se mit en devoir de dépecer et de découper la bête en compagnie de sa femme arrivée opportunément. La tante voulut saler la peau pour la conserver. Saïd refusa obstinément que l'on touche à la peau de son veau. Aussi fut-elle abandonnée dans un coin de la maison jusqu'à ce qu'une épouvantable puanteur ne laissa qu'une alternative : cette peau ou celle des habitants de la maison !

Ce fut sous les vociférations de son oncle que Saïd, pleurnichant, prit la direction du marché pour aller vendre sa peau bien-aimée.

Évidemment, l'horrible odeur de la peau faisait fuir tout ceux que Saïd rencontrait. Saïd fut battu comme plâtre mais il refusait toujours de jeter la peau de son veau. Les gens finirent par l'insulter de loin car ils étouffaient en s'approchant de cette puanteur.

Un brave homme pris de pitié lui offrit une pièce de dix douros qui n'avait plus cours et Saïd consentit à jeter au loin le cuir grouillant de vers.

Saïd s'en fut, tout heureux de l'aubaine.

Un peu plus loin, il remarqua un groupe de paysans qui, sous la fraîche ombre d'un arbre, s'apprêtaient à compter la recette de quelque vente au marché. Ils comptaient toujours, billet par billet, pièce par pièce et ainsi jusqu'à cent douros, tandis que Saïd grimpait agilement sur l'arbre. Quand les comptes furent terminés, Saïd lança sa fausse pièce dans le tas et se mit à pousser des cris horribles.

« Au secours ! hurlait-il. A moi ! A l'aide ! Au voleur ! »

On accourut de partout. L'arbre, Saïd et les paysans furent cernés en un clin d'œil.

« Ces hommes m'ont agressé, cria Saïd. Ils se sont emparés de mon argent, tout ce que je possédais : cent douros plus une pièce ancienne qui n'a plus cours. Je me suis réfugié sur cet arbre car ils voulaient me tuer. »

Les braves paysans eurent beau protester, on recompta l'argent.

« Il a dit vrai ! Il a dit vrai ! » criait-on.

On emmena les malheureux pour les mettre en prison. Saïd récupéra son bien mal acquis et rentra chez son oncle.

A la maison, il montra le produit de la vente du cuir de son veau à l'oncle et la tante effarés.

« C'est de votre faute si j'ai obtenu si peu ! s'indignait-il. Ah, ces vers qui grouillaient sur la peau de mon pauvre veau... Vous vous rendez compte s'ils avaient eu le temps de grossir, un douro pièce on me les aurait achetés ! ... Quand je pense à tous ces bœufs que tu possèdes, si grands, si gros, avec des peaux larges comme ça ! Un magnifique gisement inexploité, hélas ! »

Il prêchait un convaincu. L'oncle s'empressa de liquider ses bœufs. Il en offrit un, gratis, chaque jour, à la djemaa du village à condition de récupérer la peau.

En très peu de temps, l'oncle se retrouva avec un immense tas de peaux qu'il laissa soigneusement pourrir. Tous les jours, en se bouchant le nez, il surveillait la croissance des vers qui grouillaient là-dessus.

Enfin, un beau matin, il entassa le tout sur son âne et se rendit au marché. A peine en avait-il franchi la porte qu'aussitôt la foule prise de folie se déchaîna. Tandis qu'un groupe le rouait de coups, un autre soulevait l'âne et son chargement pour le jeter dans le ravin. L'odeur pestilentielle avait fait fuir le reste au quatre coins de la ville.

Saignant, geignant et soufflant, l'oncle s'en retourna chez lui à pied, maudissant ce Saïd qui l'avait trahi. Il jura que le garçon ne resterait pas une minute de plus sous son toit.

« Saïd ! hurla-t-il en arrivant dans la cour.

— Quoi donc, mon cher oncle, répondit l'autre.

— Suis-moi ! ! ! »

Ils sortirent. L'oncle entraîna Saïd au plus profond de la forêt jusqu'à un grand arbre au pied duquel les lions se réunissaient la nuit. D'ailleurs, on l'appelait l'Arbre aux Fauves, c'est dire !

L'oncle attacha solidement Saïd à l'arbre et, considérant que son sort était désormais jeté, il se frotta les mains et retourna chez lui.

Au milieu de l'après-midi, Saïd, toujours attaché à son arbre, aperçut au loin un vieillard escortant une femme — fille ou belle-fille, qui pouvait savoir ? La jument était chargée de sacs de victuailles et de présents de toute beauté.

Saïd ne leur prêta aucune attention. Mais il commença à chanter très fort :

« Ah la la ! Ah la la ! hier, vieillard, mes enfants m'attachèrent, et ce matin, mes vingt ans retrouvés ! »

La chanson parvint aux oreilles du vieillard qui accourut.

« Comment ? s'écria-t-il. Tu as des enfants, toi ? Et tu avais mon âge la nuit dernière ?

— Crois ce que tes yeux voient, l'ami. Si je passe encore une nuit sous cet arbre, je serai demain un bambin.

— Dis-moi, mon fils, accepterais-tu de me céder ta place ? demanda le naïf vieillard. Les parents de cette femme habitent au-delà de cette colline. Tu voudrais bien l'y conduire ?

— Volontiers. D'ailleurs, ces gens sont mes parents. Ma mère était de leur famille », répondit Saïd.

Ils échangèrent leur place. Le veillard fut solidement ficelé et Saïd s'empara de la jument et de la femme qu'il avertit tout net.

« Tiens ta langue, sinon gare ! »

Saïd et son équipage arrivèrent chez l'oncle alors que la nuit tombait. A la maison, on s'apprêtait à dîner.

« Holà, mon oncle, cria Saïd. Ouvre-moi la porte, au Nom de Dieu ».

L'oncle, stupéfait, fit ouvrir la porte et resta bouche-bée devant ce que Saïd amenait : des sacs chargés de présents, une femme parmi les plus belles dans ses vêtements de fête...

« L'oncle, tu es fou ! s'écria Saïd sitôt le seuil franchi. Toi qui as obligé tes enfants à demeurer jeunes hommes, si tu savais ! Je ne peux te décrire toutes les merveilles qui se sont présentées à moi cet après-midi... Je n'avais que l'embarras du choix. Tu sais combien je suis maladroit et faillible quand je choisis quelque chose... Je me suis contenté de cet équipage-là. Mais tes fils, par contre, si semblables à leur père, eux sauraient choisir le meilleur ! »

L'oncle rumina la nuit entière et, au petit matin, se décida. Il réveilla ses fils et les emmena prendre femme sous l'Arbre aux Fauves. Au pied de l'arbre gisaient bien quelques lambeaux de vêtements — tout ce qui restait du vieillard de la veille — mais il n'y fit pas attention. Il attacha consciencieusement ses garçons.

Sa femme avait préparé le laïch pour le repas de fête et l'on se mit à attendre les mariés. La nuit était fort avancée mais personne ne revenait.

« Commençons donc à manger, dit Saïd. Tes enfants sont fous, mon oncle... Celle-là... Pas celle-là... comme ça, jusqu'à ce que les fauves leur tombent dessus. »

Il mangea et partit se coucher.

Toutes les heures, l'oncle et la tante venaient le réveiller.

« Saïd, l'appelaient-ils. Les enfants ne sont pas encore rentrés. Il leur est arrivé quelque chose...

— Honte sur toi et sur eux, mon oncle, criait Saïd impatienté. Ils seront restés jusqu'à la venue des fauves, ces idiots ! »

Dès qu'il put distinguer un fil blanc d'un fil noir, l'oncle de Saïd s'enfonça dans la forêt. Il ne retrouva au pied de l'arbre que les vêtements déchirés de ses enfants.

Il rentra chez lui désespéré et fou de colère.

« J'en finirai aujourd'hui même avec lui ! jura-t-il. Je vais le jeter dans la mer sans le moindre remords ! »

« Saïd ! cria-t-il à peine arrivé dans la cour.

— Oui, mon bon oncle, répondit l'autre.

— Suis-moi ! »

Ils prirent la route de la mer, l'oncle devant, Saïd derrière, traînant les pieds à bonne distance et gémissant :

« Aïe, aïe, mon oncle veut me marier et moi je ne veux pas... »

Ses lamentations parvinrent aux oreilles d'un pauvre berger au service du Sultan.

« Comment peux-tu refuser pareille chance ! s'effara le bonhomme en s'approchant de Saïd.

— Je ne veux pas me marier ! Je ne veux pas me marier ! bêla Saïd.

— Si tu gardes mes moutons, je me marierai à ta place, proposa le berger qui prenait Saïd pour un fou.

— Tu ferais ça ? s'écria Saïd. Merci, merci... Mais n'oublie pas de te lamenter en chemin et cache bien ton visage. L'oncle te tuerait s'il s'apercevait que tu m'as remplacé pour mon mariage. »

On arriva bientôt à la mer. Tout à sa rage, l'oncle de Saïd prit rudement le berger aux épaules et le poussa du haut de la falaise dans les profondeurs des eaux.

Il rentra chez lui satisfait et commanda un repas de fête en l'honneur du cher disparu.

La nuit tombait et il s'apprêtait à se mettre à table quand une voix familière lui parvint :

« Oncle, cher oncle ! appelait Saïd. Ouvre-moi la porte, par Dieu ! »

Saïd fit son apparition poussant devant lui le troupeau du berger qui était allé se « marier » avec les poissons.

Sitôt la porte franchie, Saïd tomba dans les bras de son oncle.

« Ah, cher oncle, si tu savais ! ... La mer est pleine de moutons... Quand tu m'as jeté à l'eau, j'ai atterri sur le dos d'une brebis, tu te rends compte ? J'ai rassemblé tout ce que j'ai pu mais il y en avait tellement ! Et puis je ne sais pas choisir, moi, je ne suis pas comme ma tante qui a l'œil pour estimer les toisons les plus épaisses, les bêtes les plus grasses... Et j'étais tout seul pour les ramener sur la terre ferme. Tu imagines le travail ? Je suis mort ! »

L'oncle et la tante n'en croyaient pas leurs yeux. Saïd se moquait d'eux encore une fois. Et pourtant, là, dans la cour, toutes ces brebis bien vivantes qui bêlaient à qui mieux mieux ! ...

« Tu dis que la mer est pleine de moutons ? bégaya l'oncle.

— Pleine à craquer », assura Saïd.

Le lendemain, ils se rendirent au bord de la falaise, l'oncle, la tante et Saïd. Même la chienne était du voyage.

« Vas-y, mon oncle, dit Saïd. Lance ta femme à la mer. Elle sait mieux que toi choisir les meilleures bêtes. »

L'oncle s'exécuta.

De longues minutes passèrent. L'oncle s'inquiéta :

« Elle ne reparaît pas, Saïd...

— Pas d'affolement, l'oncle. Tu connais les femmes. Elle doit prendre tout son temps pour examiner chaque bête. Lance donc la chienne pour l'aider à rassembler le troupeau. »

L'oncle jeta la chienne dans les flots. Elle refit aussitôt surface et tenta de nager vers la rive. Sa queue frétillait sur les vagues.

« Regarde donc, mon oncle, s'écria Saïd. Ta chienne est toute contente. Elle doit voir le troupeau. Qu'attends-tu pour rejoindre ta femme ? Vous ne serez pas trop de trois, crois-moi, pour ramener le troupeau qui te rendra riche. »

L'autre hésita une seconde puis se jeta du haut de la falaise et fut englouti par les flots.

Sans plus s'attarder, Saïd fit demi-tour, le bâton à l'épaule et la chanson aux lèvres.

A la maison, il commanda à sa femme un bon repas et fêta l'événement comme il se doit.

*
* *

Qu'est-ce qu'un vrai ami ?

Un vieux sage avait un fils. Ce fils se vantait d'être ami avec tout le monde et, de fait, le nombre de copains qui défilaient à la maison pour boire, manger et s'amuser était considérable.

Un jour le père en eut marre de nourrir tous ces gens. Il appela son fils.

« Fils, lui dit-il. A ton âge, tu devrais avoir moins d'amis. Tous ceux-ci — et il montra les amis attablés — te laisseront tomber au premier coup dur, crois-moi. »

Mais le fils ne voulut rien entendre et on continua d'entrer chez son père comme dans un moulin. C'est simple, la maison ne désemplissait pas.

Le vieux sage décida de donner une leçon à son fils.

Il tua un bouc et l'enferma dans un sac. La nuit venue, il alla réveiller le garçon.

« Fils, lui dit-il. Un voleur est entré dans la maison et je l'ai tué. Il est dans ce sac. Va chercher tes amis qu'ils m'aident à l'enterrer, sinon, on risque des ennuis avec la loi. »

Le fils sauta sur son cheval et se rendit chez tous ses amis. A chacun, il répéta :

« Mon père vient de tuer un homme. Viens nous aider à l'enterrer en cachette. »

Mais l'ami refermait la porte et mettait le verrou en criant :

« Ton père est fou ! Je ne veux pas avoir d'ennuis avec la loi. Débrouille-toi. »

Le garçon fit ainsi le tour de la ville et revint tête basse chez son père.

« Alors ? lui demanda celui-ci. Tu en ramènes au moins un, j'espère ?

— Personne n'a voulu me suivre. Ils disent tous que tu es fou, qu'ils ne veulent pas d'ennuis avec la police et que je n'ai qu'à me débrouiller tout seul...

— Ainsi, dit le père. Toi qui as tant d'amis, tu te retrouves tout seul aujourd'hui... Moi je n'ai qu'un seul ami. Va le chercher à présent. Tu verras ce qu'il fera. »

Le garçon sauta sur son cheval et alla réveiller l'ami de son père. A peine eut-il dit « Mon père a besoin de vous... » que l'autre ne l'écoutait plus et sautait sur son cheval. Le fils lui expliqua la situation en chemin.

Arrivé à la maison de son ami, l'homme sortit son couteau et le plongea plusieurs fois à travers la toile du sac.

« J'ai tué avec toi cet homme, dit-il ensuite. Nous sommes complices à présent. Allons l'enterrer... »

Alors le vieux sage éclata de rire et ouvrit le sac.

« J'ai tué ce bouc et nous allons nous régaler avec, mon fils, dit-il. Nous allons fêter l'amitié véritable. Tu vois, je n'ai qu'un seul ami mais je peux compter sur lui ! Et toi qui en as tant, tu ne peux compter sur aucun. »

*
* *

Le deuxième sang

Lakhdar me raconte l'histoire du camionneur avec qui il a travaillé un temps. Cet homme lui lançait souvent en guise de plaisanterie :

« Oh, les Arabes ne sont pas difficiles à manier. Il suffit de leur dire "fais cela" pour qu'ils le fassent... »

L'homme, au demeurant, aimait bien Lakhdar. Il disait ça en manière d'affection. Et puis, Lakhdar n'était-il pas français ?

« Je suis musulman-français, dit Lakhdar. Pas français-musulman... »

Et cela me rappelle ce qu'une fille de Polonais immigré me racontait un jour : que son père disait « Je suis catholique » quand on lui demandait de quelle nationalité il était.

Je marche avec Lakhdar rue de France. Trottoirs et chaussées sont défoncés. L'alignement des maisons murées, vides, attend le bulldozer. Lakhdar fixe le mur de brique rouge foncé rongé de salpêtre :

« Il faut un deuxième sang pour cicatriser cette blessure », dit-il.

La dispute

Deux ouvriers commencent à se disputer. L'un est français, l'autre arabe.

Le ton monte.

« Espèce de bougnoule, crie le Français. Tu me bouffes mon beefsteack... Qu'est-ce que tu es venu faire, ici, hein ? Personne ne veut de toi ! Bon sang, retourne d'où tu viens ! Tu as voulu l'indépendance, tu l'as eue, non ? Alors retourne chez toi ! »

L'Arabe, en colère, sort son portefeuille, tire sa carte d'identité française et la met sous le nez de l'autre.

« Je suis chez moi, ici ! Je suis Français comme toi. Mon pays, c'est la France. J'ai fait la guerre pour elle !

— Alors c'est pire, crie l'autre encore plus fort. C'est pire parce qu'en plus tu as trahi ton pays ! Et si tu as trahi les tiens tu peux trahir n'importe qui ! »

L'Arabe part chez lui, revient avec un fusil et tue le Français. Aujourd'hui, l'un est mort, l'autre est en prison.

A Roubaix, à propos de cette histoire, on cite le proverbe arabe :

« Il vise et il est la cible. Il tire et il est touché. »

*
* *

Imma Laldja

Point n'est besoin de l'en prier. Elle nous bouscule pour qu'on s'installe par terre, sur les peaux et les couvertures qu'elle a tissés de ses mains. Tout en elle est signe, du tatouage, reflet de l'être, au regard aigu dont elle éprouve chacun. D'un geste, elle combine le cercle autour d'elle. Son fils, d'abord, premier témoin qui lui amène ce soir cette amie écrivain. Oh, Slim, il va te falloir une grande qualité de traducteur, place unique entre la mère et le texte. Quant à moi, je sens que je ne serai pas à la hauteur. Parole !

La source jaillit et elle est intarissable. D'un mot français parfois, elle balaye la difficulté. Mais oui on peut se « téléphoner » dans les contes ! Et suivre les péripéties des héros à travers Roubaix. Le prince descend de cheval place de la mairie. Il se rend à pied jusqu'à la gare. Et la voix, et les gestes pour renforcer le poids du drame. Je ne comprends pas le kabyle mais avec elle je suis au cœur de l'action et je tremble et je ris comme les autres !

Fabuleuse imma Laldja qui prend un air modeste « C'est rien » en haussant les épaules. L'œil malicieux dit autre chose.

« Panse de brebis », le prince pénitent

Il existait jadis un sultan, sultan devant Dieu et devant les hommes. Mais il n'est de sultan que Dieu seul ! Et si nous mentons en racontant cette histoire, Dieu le reconnaîtra.

Ce sultan avait un fils unique, qu'il chérissait et choyait comme la prunelle de ses yeux. Un jour, la mère du garçon lui donna pour tout repas un quignon de pain. Le prince le refusa et, dans un geste de colère, le jeta à terre. Le quignon de pain outragé alla se plaindre à Dieu et réclamer justice. Dieu décida de punir le garçon.

Il envoya son ange avertir le sultan que, pour son acte indigne, le prince était condamné à sept longues années de pénitence, qu'il avait le choix de subir soit dans sa jeunesse soit dans sa vieillesse.

Le prince accepta l'épreuve avec courage.

« Mais puisque le choix m'est donné, dit-il à l'ange, la santé et la force de ma jeunesse me permettront plus facilement d'en subir les rigueurs... Toutefois, je quitterai ce pays-ci et vivrai ma pénitence au loin car le courage me manquerait devant les railleries des Beni-Yaïm, mes cousins. »

L'ange apprécia la sagesse du garçon et lui remit une bague magique en considération des épreuves cruelles qui l'attendaient.

99

« Ne te sers de ta bague qu'en cas d'extrême urgence, lui dit-il. Pour le reste, débrouille-toi seul. »

L'ange remonta au ciel et le prince prépara son départ. Désirant adoucir l'exil de son fils chéri, le sultan lui remit sept coffrets bourrés de pièces d'or et d'argent que le prince chargea sur sa monture avec quantité de provisions et de vêtements.

Il prit la route, abandonnant sa famille éplorée, son pays et tout ce qui lui était cher. Il traversa maintes contrées, maints territoires, plaines et déserts, forêts et cités, s'acharnant à mettre la plus grande distance entre lui et les siens.

Un jour, fatigué, il s'arrêta près d'une mare pour manger son casse-croûte et faire boire son cheval.

Pendant qu'il se restaurait, le cheval pénétra dans la mare avec son chargement. Soudain, le prince le vit s'enfoncer dans l'eau. Comprenant le danger, il se précipita et, se saisissant des rênes, voulut ramener sa monture sur la berge. Mais plus il tirait, plus le cheval s'enfonçait. Plus il se démenait, plus vite la mare l'engloutissait. Les rênes finirent par céder et la bête chargée de provisions, de tapis et des sept coffres d'or et d'argent disparut inexorablement dans les flots. Le prince se retrouva sur la berge quelques poils de crinière à la main. C'était tout ce qui lui restait de sa fortune.

Car il est dit :

« Celui qui part avec des rênes en mains revient avec trois poils de crinière. »

« Ainsi donc, l'épreuve commence », songea le jeune homme. Puis, il se détourna de la mare et reprit son chemin.

Peu de temps après, il rencontra un berger qui gardait son troupeau.

« Berger, l'interpella-t-il. Échangerais-tu un agneau contre cet habit que je porte ?

— Pour la merveille dont mon prince est paré je suis prêt à lui remettre mon troupeau, répondit l'homme.

— Un agneau suffira. Je n'ai d'ailleurs besoin que de ses tripes », dit le prince.

Les deux hommes échangèrent leurs vêtements. Et tandis que le berger s'habillait comme un prince, le fils du roi revêtait les hardes du pauvre. Puis il égorgea un agneau, nettoya les tripes et les enroula autour de sa tête.

Ainsi le prince devint berger, le plus pauvre et le plus miséreux des serviteurs du maître de cette contrée. Très vite, on le surnomma « Panse de brebis » et il fut connu de tous. Chaque jour, il menait son troupeau aux champs, y passait la journée allongé à l'ombre d'un arbre tandis que les perdrix gourmandes l'épouillaient, que les passants se moquaient de lui et que son destin s'accomplissait.

Le sultan régnant sur ce pays était un homme bon et généreux. Il avait juré que ses filles choisiraient librement leurs époux. Aussi, un beau jour, il fit annoncer partout que de grandes réjouissances se préparaient en l'honneur des fiançailles des princesses. Les prétendants pouvaient se présenter au palais afin que ses filles fassent leur choix parmi eux.

Ce fut la bousculade. Des caravanes chargées de présents, joyaux, tissus, vases, miel, huile et denrées précieuses affluèrent vers le palais conduites par des princes magnifiques en quête d'un fort honorable mariage. Ils défilèrent en grande pompe devant les sept filles du sultan qui admiraient le spectacle du haut d'une terrasse. Leur choix arrêté, chacune des six premières princesses lança une pomme à l'élu de son cœur.

Six pommes furent donc lancées, saluées par des cris de joie. Mais la cadette n'ayant trouvé aucun parti parmi les cavaliers refusa de lancer sa pomme. Ses sœurs la supplièrent, ses esclaves la supplièrent, rien n'y fit.

« Tu nous condamnes à rester filles ! cria l'aînée en colère.

— Aucun ne me plaît. Je ne veux pas me marier », répondit la princesse.

Le sultan mis au courant vint lui-même lui ordonner de lancer sa pomme. Quand il la menaça de son sabre, la jeune fille ferma les yeux et, dans un

101

geste de désespoir, lança sa pomme parmi la foule. Elle atteignit « Panse de brebis » à la poitrine.

Le sort avait parlé. Il fallait obéir. Le sultan proposa alors à son misérable gendre de demeurer au palais puisqu'il ne pouvait rien offrir et encore moins subvenir aux besoins d'un ménage.

Mais le sultan n'était pas heureux. Tous ses gendres étaient des inconnus, des étrangers. Que valaient-ils ? Possédaient-ils le courage du lion ou celui du lièvre ? Certes, ils étaient riches mais comment être sûr de leur honneur ? de leur fierté ? de leur sens de la justice ? Troublé par ces questions, le sultan décida de recouvrir aux conseils éclairés d'un vieux sage.

« Rentre chez toi, Sultan, répondit l'homme. Feins l'épuisement et la maladie. Tes gendres accourront à ton chevet et s'empresseront à te contenter. Quand ils te demanderont si quelque chose au monde pourrait te ramener la santé, réponds que ton plus grand plaisir serait de boire une cruche d'eau puisée dans la rivière qui, quand elle veut couler, choisit la montagne inaccessible. Seul l'aigle royal s'y désaltère. »

A la nouvelle de la maladie du Sultan, six gendres prévenants s'agglutinèrent à son chevet, prodiguant mille bénédictions et prières. Quand ils lui demandèrent si quelque chose au monde pourrait le guérir, le vieux sultan répondit :

« J'ai amassé en ce bas monde tant de richesses, j'ai vécu tant d'aventures qu'à cette heure mon cœur ne réclame que la pureté de l'eau qui coule sur la montagne inaccessible. »

Les gendres s'entre-regardèrent muets d'effroi. Personne n'avait le courage d'entreprendre un si long voyage. C'est alors que la voix de « Panse de brebis » s'éleva, les engageant tous :

« Si Dieu le veut, O Sultan, cette eau fraîche coulera entre tes lèvres et te rendra la santé. »

Les princes continrent avec peine leur colère quand leur misérable beau-frère harnacha son ânesse et prit la route sans même les consulter.

« Arr, arr ! Nous sommes tous gendres du Sultan, se moquait "Panse de brebis". Arr. Arr... »

Ils eurent tôt fait de sauter sur leur monture et de rattraper le berger. Ils lui interdirent alors de les suivre. Quel déshonneur de voyager, eux, si riches et fiers, en compagnie de ce va-nu-pieds ! Puis ils lancèrent leurs chevaux au grand galop, plantant là « Panse de brebis ».

A peine l'horizon les avait-il cachés que le berger tourna l'anneau magique qu'il portait à son doigt. Il se trouva aussitôt transporté sur la montagne inaccessible, puisa une cruche d'eau et redescendit. Il s'installa alors vêtu en marabout près d'une « Kouba » (1), au pied de la montagne.

Peu de temps après, les six gendres du sultan arrivaient sur les lieux. Avisant le vieil homme, ils décidèrent de lui demander conseil.

Ils l'embrassèrent à tour de rôle sur le front, puis l'un d'eux exposa leur problème :

« Nous sommes pris à la gorge, O Saint homme. Tu as devant toi six princes de haut rang chargés de famille et de responsabilités. Comment pourrions-nous entreprendre un voyage si périlleux dans ces conditions !

— Si vous avez les moyens de payer, je vous procurerai cette eau, répondit le « marabout ».

— D'accord. Tu auras de nous tout ce que tu exigeras : or, argent, tissus précieux, bétail...

— Rien de tout cela ne me réjouirait. Donnez-moi seulement le lobe d'une de vos oreilles. Vos turbans cacheront la blessure et vous garderez vos trésors. »

Les six gendres du sultan discutèrent un moment puis acceptèrent l'étrange marché. « Panse de brebis » leur remit la cruche d'eau et chacun se trancha le lobe d'une oreille.

Quand les gendres revinrent au château, « Panse de brebis » les attendait devant la porte. Ils se présentèrent ensemble devant le sultan qui apprécia l'exploit à sa juste valeur.

« Notre malheureux berger était-il des vôtres ? demanda-t-il.

— Celui-là ? s'étonna un des gendres avec mépris. Nous ne l'avons point vu !

_____

(1) Monument dédié à un saint.

— Tous nous sommes partis, tous nous avons peiné et voici que vous me reniez. Dieu sait et voit tout ! » s'écria « Panse de brebis ».

Le sultan retrouva la santé mais pas la réponse à ses questions. Aussi retourna-t-il chez le vieux sage.

« Cette fois, lui conseilla-t-il, simule une rechute et exige qu'on te rapporte la Pomme de Jeunesse, celle qu'on trouve au-delà des sept mers et qui redonne force et santé au vieillard le plus décrépit. Seul un digne fils de sa mère, homme aussi vaillant que puissant peut réussir à la cueillir. »

A l'annonce de la grave rechute du Sultan, les gendres se précipitèrent.

« Quel est ton désir, O Sultan, s'écrièrent-ils en chœur. Parle et nous t'exaucerons.

— Mon cœur désire l'impossible, répondit le Sultan. Je veux croquer la Pomme de Jeunesse, celle qu'on cueille au-delà des sept mers. Je veux redevenir jeune et fort comme vous, O mes fils. »

Les six gendres s'entre-regardèrent. Mais où donc ce vieillard trouvait-il de pareilles exigences ? Cet exploit était parfaitement irréalisable ! Tout le monde se renfrogna et nul ne dit mot.

C'est alors que s'éleva, loin derrière les autres, la voix de « Panse de brebis ».

« Si Dieu le veut, Sultan, tu mordras à belles dents dans la chair de cette pomme. »

Entendant ces paroles qui les engageaient tous, les princes faillirent se jeter sur lui pour l'assassiner.

Voici qu'un misérable, un vil berger, les obligeait à partir à la mort ! Il n'y aurait pas de tortures assez douloureuses pour les venger ! ...

« Panse de brebis » harnachait déjà sa mule.

« Arr, arr, nous sommes tous gendres du Sultan. Arr, arr... » criait-il en poussant sa monture en direction de la mer.

Arrivé sur la plage, il égorgea un bœuf noir et découpa quatorze morceaux de viande. Puis il s'installa sur le sable.

L'attente ne fut pas longue.

Survint l'Ogresse attirée par l'odeur de la chair fraîche et qui, par deux fois, s'écria :

« Qui donc honore mes enfants aujourd'hui ? »

Point de réponse.

La troisième fois, elle ajouta :

« Si je savais qui honore mes enfants aujourd'hui, je l'honorerais comme Dieu le ferait. »

— C'est moi lança « Panse de brebis » en se découvrant. Je voudrais traverser les sept mers et tu dois m'aider.

— Cligne des yeux et tu te retrouveras perché sur mes épaules », répondit l'Ogresse.

En un clin d'œil, « Panse de brebis » fut perché sur les épaules de l'Ogresse. Celle-ci s'élança au-dessus des flots et à chaque fois qu'elle ouvrait sa large gueule béante, il lui jetait un morceau de bœuf qu'il avait pris soin d'emporter. Sept fois l'Ogresse se retourna, sept morceaux de bœuf avala.

Ils parvinrent enfin au-delà des sept mers.

« Voici le verger dans lequel pousse l'arbre portant les Pommes de Jeunesse, indiqua l'Ogresse. Pénètres-y et ne te préoccupe pas des cris que tu entendras. Cueille tout ce que tu veux et reviens aussitôt. »

« Panse de brebis » s'élança dans le verger. L'air s'emplit de cris : « Au voleur ! Au voleur ! Arrêtez-le » hurlaient des êtres invisibles. Il ne s'en soucia pas, cueillit tant qu'il put et cligna des yeux. Il se retrouva aussitôt chevauchant l'Ogresse qui pourfendait les flots au-dessus des sept mers. Cinq autres morceaux de bœuf furent engloutis. Mais, dans sa hâte, « Panse de brebis » lui jeta les deux derniers morceaux ensemble alors qu'il restait la septième et dernière mer à traverser. Il n'hésita pas et se tailla un large morceau de cuisse qu'il lança à l'Ogresse quand elle ouvrit sa gueule pour la septième fois.

« Comme cette viande est salée ! s'écria-t-elle.

— Bah, c'est le fond du sac », répondit « Panse de brebis ».

Mais l'Ogresse avait compris. Elle garda le morceau de cuisse dans sa bouche et, aussitôt sur la berge, elle l'appliqua à sa place en prononçant une phrase rituelle. Les chairs se rejoignirent sans la moindre cicatrice.

« Panse de brebis » remercia l'Ogresse. Ils se séparèrent et le jeune homme reprit son déguisement.

Il s'installa près d'une kouba érigée en bord de mer.

Il n'attendit pas longtemps. Les six gendres du Sultan arrivèrent peu après et lui présentèrent leur requête.

« Que m'offrez-vous en échange, mes princes ? leur demanda "Panse de brebis".

— Tout ce que tu veux, nous te le donnerons, répondirent-ils en chœur.

— Soit. Que chacun me donne un gros orteil et vous aurez les Pommes de Jeunesse. Personne ne s'étonnera puisque vous portez des chaussures. »

Le marché conclu, les princes rentrèrent au Palais, tout contents. Le Sultan les accueillit avec reconnaissance.

« Notre pauvre berger était-il du voyage ? demanda-t-il.

— Oh que non, Sultan ! Il a dû se cacher dans quelque recoin du palais et le voilà qui réapparaît maintenant pour bénéficier de ta reconnaissance ! s'écria un des gendres.

— Tous nous sommes allés, tous nous avons peiné et voici que vous me reniez. Dieu sait et voit tout », lança « Panse de brebis ».

Le lendemain, le Sultan rendit visite au vieux sage et lui raconta l'exploit réalisé par tous ses gendres.

« Cela n'est guère probable, répondit le vieux sage. Tous tes gendres, y compris le berger, ne peuvent être aussi valeureux et puissants les uns que les autres... Cette fois, tu dois leur proposer une épreuve vraiment irréalisable. »

A quelque temps de là, le Sultan feignit une nouvelle rechute qui le mena au bord de l'agonie. Les princes se réunirent au grand complet autour de lui.

« Cette fois, mes enfants, leur dit le Sultan, mon cœur désire vraiment l'impossible. Il faudrait renier son âme pour y parvenir... Je voudrais le lait d'une lionne contenu dans une outre fabriquée avec la peau d'un lionceau et cousue à l'aide des poils de la moustache de son époux le lion. »

Les gendres tressaillirent. Le Sultan était vraiment fou. Regrettait-il le mariage de ses filles ? Voudrait-il les rendre veuves et ses petits-enfants orphelins qu'il n'agirait pas autrement !

Mais leur silence désespéré fut brusquement interrompu par la voix de « Panse de brebis », cet infect avorton.

« Si Dieu le veut, Sultan, tu boiras de ce lait. »

Lui aussi était fou et les envoyait à coup sûr à leur perte ! Une folie meurtrière s'empara des esprits. Ils seraient déshonorés s'ils ne relevaient pas le défi du misérable !

« Panse de brebis » sautait déjà sur sa monture.

« Arr, arr, cria-t-il. Nous sommes tous les gendres du Sultan. Arr, arr ! »

L'ânesse s'élançait dans un galop pénible tandis que les princes suivaient, la tête basse et larmoyants. Ils furent vite distancés.

« Panse de brebis » tourna alors sa bague et fila comme un éclair jusqu'au pays des fauves. Puis il se cacha à l'abri du vent, surveillant l'antre de la lionne. Quand il la vit endormie il se jeta sur son sein et se mit à la téter.

Celle-ci jura :

« Si ce n'était le mamelon de Hacène et Hocine, je te dévorerais, toi et la terre sur laquelle tu as l'impudence de poser tes pieds d'homme ! Que me veux-tu ?

— Je veux ton lait contenu dans la peau de ton fils et fermée par les poils de la moustache de ton mari, répondit « Panse de brebis ».

— Grande est ta chance d'avoir tété mon lait... Voilà mes enfants. Ils sont sept. Prends-en un. Mais si j'ai le malheur de voir sa peau entre tes mains et d'entendre un seul de ses cris, je te dévorerai toi et cette terre que tu as osé souiller ! »

Vif comme un éclair, le jeune homme se saisit d'un lionceau, l'égorgea d'un seul geste, le dépeça, noua les pattes, puis plaça l'outre dans un sac pour la cacher aux yeux de la lionne. Ensuite, il put la traire. Son travail accompli, il partit à la recherche du fier lion. Il le retrouva vautré sur une place, digérant son lourd repas du matin. S'approchant doucement, « Panse de brebis » enroula deux longs poils de la moustache autour de son doigt et tira brusquement. Il avait disparu avant que le balourd ne s'aperçut de ce qui lui arrivait.

L'outre cousue, il s'installa sous son déguisement de marabout dans une kouba jouxtant le pays des fauves et il attendit ses beaux-frères.

Ceux-ci ne tardèrent point. Ils avaient l'air de prisonniers qu'on emmenait au supplice. Éplorés, les yeux hagards, traînant les pieds, pestant contre ce sultan qui avait le culot de les envoyer froidement à la mort. Seul, ce vieux marabout pouvait encore les sauver. Ils le supplièrent de leur venir en aide.

« A une condition, répondit "Panse de brebis". Remettez-moi les pommes lancées par vos femmes lors de vos fiançailles. »

Ils lui rendirent les six pommes en échange de l'outre de lait de lionne.

Le sultan fut subjugué par l'extraordinaire exploit de ses gendres. Il donna libre cours à sa joie et à sa fierté. Puis il s'enquit de « Panse de brebis ».

« Il nous a bien précédés lors du départ, reconnut un des princes. Mais pas une seule fois, au cours de notre périple, nous ne l'avons rencontré.

— Tous nous sommes allés, tous nous avons peiné et voici que vous me reniez. Dieu sait et voit tout et Il est la Connaissance » dit « Panse de brebis ».

Comme il avait invoqué une nouvelle fois le Nom de Dieu, le sultan ne put que le croire. Il s'en retourna donc une dernière fois visiter le vieux sage.

« Cette fois-ci, lui conseilla celui-ci, convie-les à se réjouir. Le plus valeureux de tes gendres sera celui qui t'offrira le plus beau cadeau pour ta fête. »

Des réjouissances suivirent en l'honneur du sultan et tous, gendres, sujets et voisins y furent invités.

Le soir venu, pendant que le quartier festoyait au son des bendirs et des flûtes, « Panse de brebis », au terme de ses sept longues années de pénitence, tourna sa bague magique. Aussitôt transformé en prince il se trouva juché sur un cheval de tonnerre menant un cheval de vent. En un tourbillon de poussière, il déboula sur la joyeuse assemblée et se mêla au groupe qui se mesurait au tir à l'arc. Les flèches qu'il libérait étaient si puissantes que leur souffle renversait dans leur sillage les gens attroupés pour assister au tournoi.

Comme l'étranger refusait de se présenter au roi, celui-ci convoqua sur le champ le chef de ses archers, l'homme du royaume le plus puissant au tir à l'arc, et lui ordonna de se mesurer à cet inconnu. « Panse de brebis » accepta. Pendant qu'il se préparait, le sultan demanda à son archer de viser la cuisse du prince pour le marquer à jamais. Ainsi, plus tard, pourrait-il le reconnaître.

L'homme se posta et dès que « Panse de brebis » décocha ses flèches vers la cible, renversant les gens dans leur sillage, il visa la cuisse du prince et le blessa.

« Panse de brebis » dirigea alors ses chevaux vers l'assemblée des femmes. En un éclair, il se pencha vers son épouse et lui subtilisa sa ceinture de soie qu'il enroula autour de sa blessure. Puis il disparut dans la nuit.

Un peu plus tard, ayant repris son ancienne apparence — hardes de berger et tripes de brebis sur la tête —, il appela sa femme à grands cris pour qu'elle vint préparer sa couche. Aussitôt railleries et quolibets fusèrent contre ce misérable, cet avorton qui osait déranger la jeune princesse au beau milieu d'une fête. Qu'elle chasse donc à coups de pieds cet indésirable ! Pourquoi avait-il attendu sept longues années avant de partager le lit de sa femme ? Ne dormait-il pas d'habitude avec ses brebis ? La malheureuse jeune fille le suivit sous les rires, pleurant à chaudes larmes.

Un peu plus tard, affairée à préparer son époux pour la nuit, toujours pleurant et gémissant, la princesse découvrit la ceinture de soie subtilisée par ce prince magnifique venu d'on ne sait où. Comprenant alors la vérité, elle lança un superbe « youyou » de joie que le jeune homme eut toutes les peines du monde à étouffer.

« Sois patiente, lui dit-il après lui avoir raconté son histoire. Il me reste encore quelques jours de pénitence avant de pouvoir révéler mon identité. »

Le lendemain, sœurs et esclaves accoururent aux nouvelles.

« J'ai répondu à son défi, expliqua la princesse. Il m'avait dit que je serais incapable de le suivre à un tel moment. Je lui ai prouvé mon courage. »

Cette réponse déclencha les rires et les moqueries car, c'est sûr, on n'avait jamais vu une femme si bête accouplée à un homme si misérable. Ils étaient dignes l'un de l'autre.

Le lendemain était le jour du « Touasa ». Ce jour-là, chacun offrait au maître de maison ce qu'il pouvait. « Panse de brebis » se tenait à l'écart.

Passa un gendre du Sultan.

« Alors, "Panse de brebis" se moqua-t-il. Tu refuses d'honorer ton maître ?

— Je ne le ferai qu'en présence du Cadi », répondit l'homme.

L'autre le gifla.

Vint le second gendre.

« Alors, "Panse de brebis", se moqua-t-il. Refuserais-tu d'honorer ton maître ?

— Je ne le ferai qu'en présence du Cadi ».

Son beau-frère l'insulta en lui montrant le majeur.

Survint un troisième gendre.

« Alors "Panse de brebis", tu refuses d'honorer ton maître ?

— Je ne le ferai qu'en présence de la Loi. »

Le prince lui cracha à la figure.

Les trois autres beaux-frères ne lui jetèrent pas même un regard.

La fin de la cérémonie approchait. Les gens allaient rentrer chez eux quand « Panse de brebis » s'avança vers le sultan.

« Qu'on fasse venir un écrivain, le Cadi et un crieur exigea-t-il. Je dois à présent faire mon cadeau à mon maître. »

Médusé, on lui obéit.

Et tandis que le scribe écrivait, que le Cadi témoignait et que le crieur poussait sa voix, « Panse de brebis » annonçait :

« Cent vaches en l'honneur du sultan.

« Cent bœufs en l'honneur du sultan.

« Cent chevaux en l'honneur du sultan.

« Cent juments en l'honneur du sultan...

De chaque animal domestique, il en offrit cent. Puis il reprit :

« Cent serviteurs en l'honneur du sultan.

« Cent servantes en l'honneur du sultan.

« Cent coffres d'or...

« Cent coffres d'argent... »

Remettant alors la lettre du scribe à un messager, il l'envoya au pays de son père et demanda que personne ne quittât la fête avant son retour.

Tout heureux de savoir son fils en vie, le père de « Panse de brebis », puissant sultan du nom de Haroun er Rachid, mobilisa tous ses serviteurs pour rassembler l'immense troupeau et former la longue caravane qui prit la route en brûlant les étapes.

A la vue de cette fabuleuse troupe qui soulevait tant de poussière, les gens de la fête prirent peur. « Panse de brebis » les retint avec peine. Pour les rassurer tout à fait il rejeta au loin les tripes dont il se couvrait la tête et, tournant sa bague magique, apparut dans toute sa splendeur de prince, celle de Djafer Blanco, fils de Haroun er Rachid.

L'extraordinaire caravane était à présent dans le palais. Haroun er Rachid fit office de crieur tandis que le Cadi et tous les gens constataient que pas une seule pièce d'or ne manquait au tribut du prince.

L'inventaire fini et la longue histoire de Djafer Blanco racontée, Haroun er Rachid punit ceux qui avaient injurié son fils.

« Qu'on amène l'homme qui a levé la main sur mon fils ! »

Le gendre fut amené et sa main fut coupée.

« Qu'on amène l'homme qui a insulté mon fils avec son majeur ! »

Le gendre fut amené et son doigt coupé.

« Qu'on amène l'homme qui a craché sur mon fils ! »

Le troisième gendre fut amené et sa langue fut coupée.

C'est alors que le prince présenta au Sultan de ce pays les sept lobes d'oreilles, les sept orteils du pied et les sept pommes de fiançailles échangés contre la cruche d'eau de la Montagne inaccessible, la Pomme de Jeunesse d'au-delà des sept mers et l'outre de lait de la lionne du pays des fauves. Le Sultan comprit alors lequel de ses gendres était le plus valeureux et le digne fils de sa mère.

Puis Djafer Blanco se hissa sur sa monture aux côtés de son père et ils prirent la route, laissant derrière eux toutes les richesses offertes au sultan de ce royaume, la princesse éplorée, le sultan et ses sujets bouleversés d'avoir perdu un prince aussi remarquable qui dédaigna même les saluer.

Ils refirent en sens inverse le chemin parcouru jadis par Djafer Blanco. Apercevant alors, dans les lointains, la mare où il avait perdu sa monture et les coffres d'or et d'argent que son père lui avait remis, le prince s'en approcha et remarqua trois poils de crinière qui affleuraient sur l'eau. Entrant dans la mare, il s'en saisit et tira. Le cheval tout harnaché refit aussitôt surface et le suivit sur la berge.

Et son père dit alors :

« Qui part avec les rênes en mains revient avec trois poils de crinière, et qui se contente de trois poils de crinière revient avec la fortune. »

A quelque temps de là, la princesse qui avait épousé Djafer Blanco accoucha d'un garçon. L'enfant hérita des biens laissés par son père et du surnom de « Panse de brebis » qui faisait rire tout le monde.

A mesure qu'il grandissait, le garçon supportait de moins en moins ces perpétuelles railleries. Il pleurait à chaudes larmes et s'en plaignit à sa mère qui se lamentait avec lui. Devenu un jeune homme, le garçon voulut retrouver son père. Il demanda à sa mère :

« Avant de partir mon père n'aurait-il pas oublié quelque objet qui me permette de le rechercher ?

— Si mon fils. Il a laissé une flûte à quatre-vingt-dix-neuf trous et une amulette contenant un parchemin écrit à son nom pour le protéger du mauvais œil. »

Peu après, le garçon se mit en route. Il prit la direction suivie par Haroun er Rachid et Djafer Blanco des années auparavant, car nul ne savait d'où ils venaient. Il traversa maintes contrées, montagnes et plaines, villes et campagnes. Dans chaque localité, il jouait de la flûte, en tirant des sons si magnifiques qu'il attirait tous les gens des environs autour de lui.

Ainsi poursuivait-il son voyage et nul ne pourrait dire combien de pays il laissa derrière lui. Sept années, puis sept années et encore sept années passèrent et le musicien parcourait toujours le monde à la recherche de son père.

Un jour, il arriva dans une grande ville et proposa ses services de musicien dans le café le plus pauvre de la médina. La musique céleste qui sortait de sa flûte fit son effet et sa réputation devint si grande qu'elle parvint aux oreilles des filles du sultan de ce pays. Pour se mêler à la foule qui se pressait autour du flûtiste elles s'habillèrent en hommes et furent elles aussi enchantées.

Mais un espion rôdait. Il rapporta au roi l'événement et celui-ci entra dans une terrible colère. Comment ! Ses filles avaient osé sortir du palais, se montrer à la foule en portant des habits d'hommes pour écouter un misérable joueur de flûte !

« Que l'homme soit décapité dans la cour du palais ! » cria le sultan.

Capturé sur le champ, le joueur de flûte fut apprêté pour l'exécution. Mais en lui dégageant le col, l'amulette glissa à terre. Un lettré s'en empara et fut stupéfié par ce qu'il lut sur le parchemin. Il ordonna de suspendre l'exécution et se précipita auprès du sultan pour lui révéler l'incroyable nouvelle : le garçon qu'on devait décapiter appartenait sans aucun doute à la famille royale. L'amulette qu'il portait au cou en faisait foi.

« J'espère pour vous qu'il est encore en vie, s'écria

le sultan en courant vers le lieu de supplice. Sinon, gare à vos têtes ! »

Mais le garçon était toujours vivant. Le sultan l'interpella :

« Dis-moi, joueur de flûte, d'où te vient cette amulette ?

— De ma mère, Seigneur. Je vivais dans un lointain pays avec elle et sans le père que je n'ai jamais connu car il quitta ma mère avant ma naissance. Les gens de cette contrée se moquaient continuellement de moi et m'appelaient « Panse de brebis » car tel était le surnom de mon père. Un jour, je n'ai plus supporté ces injures et j'ai décidé de partir à sa recherche avec les seuls objets qu'il avait laissés : une flûte à quatre-vingt-dix-neuf trous et cette amulette. Depuis ce temps, j'erre de pays en pays...

— Ce garçon est mon fils ! clama le sultan à la cantonnade en le serrant dans ses bras. Le seul fils que Dieu m'ait donné ! »

Les embrassades terminées, le sultan emmena le joueur de flûte au hammam, le fit vêtir d'un somptueux habit, lui offrit le plus beau cheval de son écurie et ils partirent tous deux chercher la fidèle princesse qui attendait son fils dans son lointain pays.

Ils vécurent heureux, les uns sultan et sultane, l'autre fils de sultan.

Ainsi nous l'avons entendu, ainsi nous le racontons. Et si nous mentons que Dieu nous nourrisse de paille et non du froment le plus fin !

*
* *

114

La rue, la nuit

La plupart du temps, quelqu'un de la famille me raccompagne où j'habite, après la veillée. Ou bien je passe la nuit à la maison. Il m'arrive pourtant de rentrer seule. Il me faut alors traverser des rues aux maisons murées, peu éclairées, où les pavés disjoints, inégaux des chaussées semblent autant d'obstacles sournois et rendent la marche longue.

« Ne laisse jamais une maison abandonnée, disait Sidi Ahmed ce soir. Une maison abandonnée attire le malheur. Détruis-là, vite, si tu ne t'en sers plus. Elle est comme une âme en peine. Elle gémit de peur et de solitude. Elle se laisse habiter par des démons que nos mauvaises pensées ont laissés derrière nous. Le mal qui est en nous tous s'y réfugie et le quartier devient étranger. Ton propre village devient un étranger. Tu peux invoquer Dieu, la police, ou bien rire en passant pour la narguer, elle t'échappe comme la vie quitte le corps de celui qui est en train de mourir. Quelques secondes encore et c'est un cadavre qui n'est plus ton père ou ta mère mais une chose de l'au-delà... N'oublie jamais cela. Les maisons abandonnées sont des cadavres. Il y a une odeur de mort dans un quartier abandonné.

« De même, quand tu viens d'acheter une maison ou de la louer, n'oublie pas de passer alliance avec elle. Parle-lui, fais-lui des offrandes pour l'apaiser, lui dire que tu seras heureux chez elle avec ta famille. Respecte-la et elle deviendra pour toi comme ceux que tu aimes, familière et de bonne volonté. »

« Trahis par leur sang... »

A l'époque où se situe cette histoire, la rue Frasez, dans le quartier de l'Alma-gare où vivait Lucien, n'était pas encore reconstruite. Personne, à ce moment-là, ne savait ce qu'elle deviendrait mais les habitants savaient ce qu'elle ne deviendrait pas. Ils juraient tous — Lucien le premier — que ça ne se passerait pas comme ça, qu'on allait voir ce qu'on allait voir, que les tours et les barres prévues à la place, « on » pouvait se les fiche... Et que les bulldozers seraient accueillis à la mitrailleuse ! Bref, le cœur du quartier n'avait pas du tout mais pas du tout l'intention de se laisser saigner comme le mouton de l'Aïd sous le couteau de Sidi Brahim.

On était donc, cet été-là, en plein chambardement. Ça discutait sec à la mairie et sur les trottoirs. Lucien n'était pas le dernier à crier. Même qu'un jour, pris de déprime, il avait voulu se suicider en fichant le feu au réservoir d'essence de sa moto bien-aimée qui couchait sur sa descente de lit. Tandis que ses voisins défonçaient la porte, il hurlait qu'on le laissât crever en paix... Ses couvertures commençaient à flamber quand on l'avait sorti de là.

Lucien était un solitaire qui trafiquait de-ci de-là avec un dénommé Gustave, un ferrailleur qui roulait au volant d'une Ami 6 défoncée, sans pare-brise, les portes attachées avec de la ficelle. Pas de vignette, naturellement. Les flics se détournaient écœurés quand ils le voyaient passer...

Voilà pour le décor.

Lucien et Gustave furent les premiers habitants dont Karim fit la connaissance. Karim débarquait de son lointain Douai. Il était passé par les universités. Roubaix lui plaisait, la colère des gens de l'Alma aussi. Il les voyait un peu comme des David purs et durs s'attaquant au méchant Goliath des HLM. Il était très jeune, un peu timide et prêt, lui aussi, à se battre pour la rénovation du quartier.

Il y vivait depuis une dizaine de jours quand un soir Madjid, un vrai fils de l'Alma, l'invita à visiter Roubaix by night.

Ils avaient fait le tour classique jusqu'à la gare et rentraient tranquillement chez eux. Il devait être un peu plus de onze heures et demie. Rue de l'Alma, ils étaient tombés sur Tablati, le légendaire Tablati, l'homme qui mourait l'hiver et ressuscitait au printemps. Tablati leur avait tapé une cigarette.

« Tu comprends, avait expliqué ensuite Madjid. Quand le froid arrive, Tablati fait un casse et s'arrange pour être pris. Il passe l'hiver en prison. Nous, dans le quartier, au début, on croyait qu'il était mort. On était tout triste. Mais au printemps, il rapplique... Il est mort comme ça une vingtaine de fois... »

De loin, la rue Frasez où habitait Lucien était aussi calme et ténébreuse que le reste du quartier. Mais, en s'approchant, ils remarquèrent tout de suite l'ombre qui filait en rasant les murs. Puis une porte s'ouvrit et, tandis que l'ombre s'engouffrait à l'intérieur, une silhouette se découpa sur le seuil pour inspecter les alentours.

La silhouette se redressa en les découvrant. L'homme se figea puis parut reconnaître Madjid et l'appela avec de grands gestes.

« C'est Lucien, et l'autre devait être Gustave, déclara Madjid. Viens, je vais te présenter. »

Karim ne demandait pas mieux. Il avait bien l'intention de vivre à l'Alma-gare, et connaître ses habitants était la première chose à faire. Il emboîta le pas de Madjid.

Lucien les accueillit avec effusion :

« L'ami de Madjid est mon ami ! déclara-t-il solennellement en resserrant son pantalon qui tenait avec une ficelle. Il avait les yeux qui lui sortaient un peu de la tête, rouges et brillants. Il était nu-pieds et gesticulait beaucoup en les entraînant à l'intérieur :

« Entrez, entrez les enfants, jubila-t-il. Ce soir, c'est ma tournée. Gustave, ouvre un magnum ! »

Et il se tapait sur les cuisses.

Un peu interloqué mais content tout de même de cet accueil, Karim suivit Madjid dans la cuisine. Les volets étaient fermés et une seule ampoule pendait du plafond. Mais les deux garçons se pétrifièrent sur le seuil. Ils n'entendaient plus les plaisanteries de Lucien... Ils ne voyaient pas davantage le gros Gustave hilare en train de fouiller parmi les deux bonnes douzaines de paniers métalliques de supermarché qui débordaient de bouteilles et de nourriture.

Ils étaient dans la cuisine d'Ali-Baba ! Mais un Ali bien français, plus sensible à l'éclat jaune du Pastis qu'à celui des lingots, plus avide de rivières de champagne que de diamants. La maisonnette de Lucien brillait, cette nuit-là, autant que l'arrière-boutique d'un Félix Potin spécialisée dans les alcools et les pâtés de luxe !

Karim était cloué au sol de stupeur. Madjid, lui, estimait dans sa tête l'épaisseur des murs. Si les voisins se réveillaient ? Si, attirés par le bruit, ils leur prenaient l'idée de rappliquer chez Lucien pour rigoler avec lui... On allait les trouver, lui, Madjid, et Karim en train de s'enfiler un magnum de champagne dans des chopes de bière. Et Lucien et Gustave, là, plus joyeux que des pinsons, racontant comment ils étaient en train de dévaliser, peinards, la superette de la rue de l'Alma, à moins de 150 mètres d'ici...

« Ptaff ! »

Le bouchon de champagne claqua comme un coup de pistolet.

« ... On fait l'aller et retour, expliquait Lucien en se tordant de rire. On remplit directement les paniers à la caisse, c'est plus pratique, ahaha... Et on choisit, pas vrai Gustave ?... Regardez-ça, ajouta-t-il en embrassant la pièce d'un geste large. Que des grandes marques, ahaha... »

C'était pour lui une excellente plaisanterie.

Contracté de partout, Karim avalait son champagne comme si c'était du sable. Oh, il trouvait ça drôle, bien sûr, au quatrième degré, c'était drôle... Des paniers, il y en avait partout, sur la table, sur la cuisinière, les chaises, le rebord de la fenêtre. Il y en avait même un accroché au porte-manteau. On marchait sur les pâtés en croûte et les boîtes de crabe.

« Champagne, Pastis, Cognac, énumérait Gustave d'une voix pâteuse. On goûte à chaque fois, tu comprends... Ah, il manque les liqueurs. Hé, Lucien, il manque les liqueurs pour les dames !

— On y va, on y va, grommela l'autre en fourrant dans les bras de Madjid et de Karim champagne et pâté en croûte...

— Euh, le porc, moi, tu sais, protesta timidement Madjid.

— Mais si, mais si, insistait Lucien paternel. Prenez tout ce que vous voulez les enfants. Servez-vous, voyons... T'as une bagnole ? demanda-t-il à Karim...

— Ou-oui.

— Va la chercher, on la remplira. Qu'est-ce que tu veux qu'on fasse de tout ça ? Faut que les amis en profitent, sinon, ça ne sert à rien, n'est-ce pas ?

— Elle est cassée ma bagnole », s'étrangla Karim. Il se voyait déjà capturé par les phares d'un car de flics, sa 3 CV bourrée de marchandises volées, à minuit passé, dans les rues de Roubaix... Sa réputation était fichue d'avance avec une histoire pareille sur les bras... Sans compter les parents... La réaction de son père, mineur de fond depuis trente ans, qui s'était saigné aux quatre veines pour lui payer ses études et « faire l'ingénieur » comme il disait fièrement... Karim se sentait de plus en plus mal. Et les militants du quartier, songea-t-il. Qu'est-ce qu'ils penseraient de ça ?... Madjid, lui, était un gars d'ici, mais lui... Il en avait des sueurs froides.

Il grimaça un sourire et reposa tout ce que Lucien lui avait mis dans les bras sur la table.

« Voilà... Merci, ça suffira ! » assura-t-il en s'emparant d'une bouteille de Pastis. Il la coinça dans son pantalon et referma son blouson...

Comment partir maintenant ? Lucien sautillait d'un panier à l'autre. Qu'est-ce qui ferait encore plaisir aux garçons ?

« Un autre pâté Madjid ? Tiens celui-là, il est congelé, c'est meilleur... »

Madjid échangea un coup d'œil avec Karim. Il ne pouvait pas refuser les cadeaux de Lucien... Mais comment se tirer de là avant que toute la rue ne soit ameutée ? Il cherchait déjà dans sa tête l'itinéraire le plus discret pour rentrer chez eux, tout à l'heure. Il fallait éviter les rues trop passantes...

« Allons-y Madjid, lança Karim en consultant sa montre. Je me lève tôt demain, euh... »

Lucien et Gustave les regardaient d'un air peiné. Lucien se tourna vers Madjid.

« Allons, vous restez encore...

— Merci, merci Lucien. On y va. Merci encore. Soyez... soyez prudents... Et oh, tu t'es blessé avec du verre, Lucien, s'exclama-t-il en découvrant du sang sur le carrelage de la cuisine. Il y avait du sang aussi sur le pied gauche de Lucien.

— Peuh, fit l'autre en haussant les épaules. C'est en entrant dans la superette. J'ai dû marcher sur un bout de verre. Comme on a cassé la vitrine... J'nettoierai ça au cognac, quand on aura fini de décharger, Ahahah... »

Il retrouvait sa bonne humeur.

Ils se séparèrent très vite sur le pas de la porte. Madjid et Karim rentrèrent chez eux en rasant les murs, sursautant au moindre bruit de voiture. Madjid était chargé : deux bouteilles de champagne, une bouteille de Cointreau, ce fichu pâté congelé et deux ou trois boîtes de crabe dans les poches... Il insultait tout bas ses talons ferrés dont il était si fier d'habitude

121

mais qui claquaient sur le pavé défoncé comme des castagnettes...

Ils furent tellement soulagés en refermant derrière eux la porte de la maison de la rue de Tourcoing où ils habitaient qu'ils vidèrent aussi sec une bouteille de champagne, debout, dans le couloir !

Lucien et Gustave furent alpagués par la ronde de police sur les coups de trois heures du matin. Les deux ferrailleurs chaloupaient rue de l'Alma, chacun tenant un panier plein à ras-bord. Ils s'appuyaient l'un contre l'autre pour ne pas perdre l'équilibre — ils avaient vérifié la qualité d'un nombre considérable d'alcools.

« Qu'est-ce que vous fichez là ? leur cria le brigadier en sautant le premier sur la chaussée dès que le conducteur eût freiné brutalement.

— On revient de Auchan, cria Lucien encore plus fort — Auchan était l'hypermarché roubaisien, sur la route de Lille, à l'autre bout de la ville.

— A trois heures du matin ! hurla le brigadier. Vous vous foutez de ma gueule ? Allez, embarquez-moi ces zèbres, ordonna-t-il à ses hommes.

— Ne me poussez pas, je sais marcher ! » braillait Lucien.

Des lumières commençaient à s'allumer aux fenêtres, des gens montraient leur tête.

« Chef, appela un policier. Regardez... Il y a des traces de sang sur le trottoir... »

On vérifia aussitôt. Il y avait du sang jusqu'à la superette et, dans l'autre sens, on pouvait suivre les traces jusque devant chez Lucien, rue Frasez.

« Leur compte est bon », gronda le brigadier en poussant la porte de la cuisine.

Sur le journal du lendemain, un énorme titre s'étalait :

« TRAHIS PAR LEUR SANG... »

Tout le monde s'amusa beaucoup, à l'Alma-gare, de la dernière aventure de Lucien. On en plaisanta même après sa sortie de prison... Seuls Karim et Madjid riaient jaune.

Ils en riaient encore un peu de cette façon quand ils m'ont raconté l'histoire !

*
* *

Le monde à l'envers

Quand Farah, arrivée tout droit de ses montagnes de Kabylie, débarqua pour la première fois à Roubaix, elle vit des chiens tenus en laisse et plaignit les chiens français ; puis elle remarqua des femmes habillées en gendarme qui réglaient la circulation et se dit qu'en France c'était les femmes qui commandaient. Enfin, elle s'étonna de l'absence de cimetière dans la ville et pensa que les Français ne devaient jamais mourir...

« Allah ! » s'écria-t-elle en riant. « La France, c'est comme chez nous au temps de Fatma Autenbi ! C'est les femmes qui commandent et on ne meurt pas. »

Plus tard, elle vit que les églises étaient vides le jour de la prière, que les Français abandonnaient leurs vieux parents et qu'ils enfermaient leurs fous dans des hôpitaux...

« Allah ! s'écria-t-elle indignée. Les Français sont des sauvages ! »

Puis elle s'aperçut que les gens de son pays imitaient tous les défauts des Français.

« Allah, se désola-t-elle. Et nous on fait comme les singes ! »

Fatma Autenbi cherche un homme

Il y a de cela fort longtemps, la tradition exigeait que toute fille parvenue en âge de se marier quittât la maison familiale pour partir sur les routes à la recherche d'un époux. Oui, en ce temps-là, les femmes choisissaient seules et sans contrainte l'homme de leur vie !

Mais ne croyez pas que c'était facile. Il y avait si peu d'hommes sur la terre qu'elles devaient marcher pendant des jours et des jours avant d'en rencontrer un seul...

Une femme, Fatma Autenbi, allait changer tout cela. Voilà comment les choses se passèrent.

Fatma, qui avait largement dépassé l'âge du mariage mais jugeait trop fatigant d'aller courir sur les chemins, dut un jour se résigner à faire comme tout le monde. Sa mère l'avait d'ailleurs poussée dehors en lui fourrant dans les bras les sept paires de chaussures nécessaires au voyage.

Et Fatma prit la route.

Elle marcha, marcha, marcha longtemps à travers prairies et déserts, montagnes et forêts. Elle usa une, puis deux, puis trois paires de chaussures ne rencontrant que des enfants et des vieillards. Elle usa sa quatrième, puis sa cinquième paire de chaussures. Et toujours pas d'hommes !

Quand elle eut fini d'user sa septième paire, elle se trouvait sur une montagne couverte de neige.

« J'en ai marre ! cria-t-elle. J'en ai plus que marre ! »

Elle chercha un rocher pour s'asseoir.

« Voilà, se dit-elle. C'est simple. Je m'assois et j'attends. Le premier homme qui se présente, je le prends. C'est trop fatigant de leur courir après. »

Ainsi fit-elle. Un gros rocher couvert de neige lui servit de siège.

Elle attendit longtemps. Si longtemps que le froid insidieux commença à lui glacer les fesses.

« Je vais mourir, pensa Fatma, si Dieu ne me vient pas en aide. »

Dieu l'entendit et décida d'intervenir. Il dirigea vers elle un beau garçon, marchand de glace de son état, venu s'approvisionner sur la montagne. Quelle ne fut pas la stupeur du garçon de découvrir une femme assise dans la neige, raide de froid et qui bégayait qu'elle était trop fatiguée pour courir après les hommes !

Il s'empressa de la réchauffer et l'emmena avec lui.

« Tu aurais mieux fait d'attendre chez toi bien au chaud, tranquillement, que le destin nous réunisse, lui dit-il le soir de leurs noces. Tu n'aurais pas les fesses encore glacées. »

C'est depuis ce jour-là que les filles, apprenant l'aventure de Fatma, décidèrent de rester à la maison pour attendre leur prétendant. Mais c'est aussi depuis ce jour qu'elles naissent toutes avec la marque de Fatma Autenbi : dans leur corps doux et chaud, les fesses restent aussi fraîches que la neige !

*
* *

Le péché de Fatma Autenbi

Au temps de Fatma Autenbi on ne pleurait jamais aux enterrements. C'était tout à fait inutile, car les morts revenaient toujours au bout d'un an. En ce temps-là, la mort durait un an, pas davantage. Passé ce délai, les défunts reprenaient leur place dans le village, comme après un long voyage.

« Saïd est parti, disait-on, par exemple, du forgeron mort la veille. C'est bien embêtant. Il va falloir se débrouiller sans lui cette année... » Etc.

Ainsi, les uns et les autres s'absentaient de temps en temps pour réapparaître un an plus tard accueillis avec joie par ceux qui les aimaient et avec consternation par ceux qui auraient voulu ne jamais les revoir.

Ainsi allait la vie.

Dans son village, Fatma Autenbi coulait des jours heureux auprès de son mari marchand de glaces. Un seul point noir dans le ménage : Ben Adam, l'époux, avait déjà un fils d'un premier mariage. Fatma le supporta sans trop de mal jusqu'à ce qu'elle-même mît au monde un garçon. A partir de là, elle devint une belle-mère infernale. Plus les enfants grandissaient, plus Fatma se transformait en marâtre odieuse. Elle punissait son beau-fils pour les bêtises de son frère, lui servait les bas morceaux de viande et jamais un geste de tendresse. La situation empira au point que Ben Adam, qui n'y arrivait plus tout seul, décida de demander à Dieu de l'aider.

Dieu le réconforta et lui promit d'intervenir.

Un soir, Dieu se présenta chez Fatma sous la forme d'un vieil ermite. Il fut reçu avec empressement car Fatma avait bon cœur quand il ne s'agissait pas de son beau-fils. Comme les deux enfants partageaient le même lit, Fatma fit coucher son beau-fils par terre et offrit sa place au vieil homme.

Dieu se coucha donc auprès de l'autre enfant, attendit qu'il fut endormi et le fit mourir au milieu d'un beau rêve. Le fils de Fatma monta directement au Paradis. Puis, Dieu se leva et alla réveiller Fatma Autenbi.

« Le fils de ton mari vient de mourir, lui dit-il. Je viens de le toucher par terre. Son corps est tout froid.

— Eh bien, c'est toujours un an de gagné ! s'écria Fatma très contente.

— Je vois que tu ne l'aimes pas beaucoup, reprit l'ermite. Si tu veux, je peux t'en débarrasser...

— Dans un an, tu seras loin, vieil homme, soupira Fatma. Et puis mon mari ne voudra jamais s'en séparer. Dès demain, il va commencer à attendre le retour de son fils avec impatience.

— J'ai le pouvoir d'empêcher les morts de revenir, la tenta l'ermite. Un mot de toi et ton beau-fils ne reviendra plus jamais parmi les vivants.

— Tu as ce pouvoir-là ! s'écria Fatma horrifiée.

— Celui-là et bien d'autres, Fatma, répondit l'ermite. Alors que décides-tu ? »

Fatma hésita. La chose était extraordinaire, terrifiante même ! Mais si le garçon disparaissait, personne n'en saurait jamais rien. L'ermite repartirait au matin. La vie suivrait son cours. Son mari finirait par se consoler avec tous les enfants qu'elle lui donnerait.

« Je veux qu'il meure pour toujours, souffla-t-elle enfin.

— Ainsi tu as parlé, ainsi les choses s'accompliront, dit l'ermite. L'enfant qui est mort cette nuit, je l'emporte avec moi à jamais. »

A l'instant même, le vieil homme disparut.

Au matin, quand Fatma toute joyeuse vint réveiller son fils, elle le trouva mort dans son sommeil. L'autre enfant, pelotonné contre un mur de la chambre, dormait tranquillement sous la couverture que l'ermite avait jetée sur lui.

Malgré les pleurs et les supplications qu'elle adressa à Dieu, Fatma ne revit jamais son fils. Et c'est depuis ce temps-là que les morts ne reviennent plus sur la terre et qu'on pleure aux enterrements.

*
* *

La mort

Il y a dans la région d'Algérie où Dabia a passé son enfance un très ancien tombeau de saint, un marabout... On raconte que chaque année, la veille de la fête de l'Aïd, l'âme d'un juste revient du paradis pour y passer une nuit sous les étoiles, à écouter la plainte du vent et celle des chacals sur le plateau. Le matin même, les habitants du village voisin ont déposé devant la porte du tombeau des olives et du fromage, des figues et du miel à son intention... On raconte que Dieu récompense ainsi les justes, d'une nuit passée sur la terre... J'aime le caractère jovial, si peu mystique, de cette croyance dans les vertus terrestres, faites pour adoucir la douleur du deuil, car les habitants du village restent éveillés cette nuit-là, et chacun, préparant la fête du lendemain, espère que c'est peut-être l'ombre d'un parent qui se délecte à deux pas de chez lui avec les olives de la dernière récolte.

La nuit du destin

Peu avant la fin du Ramadam, la nuit du vingt-sep-tième jour de jeûne revêt un sens particulier dans l'Islam, qui l'appelle : « Nuit du Destin »... Si, cette nuit-là, regardant le ciel, le croyant a la chance de voir une porte s'ouvrir parmi les étoiles, son vœu le plus cher sera exaucé. Le vœu doit être prononcé à voix haute et dans une grande ferveur.

Mais attention ! La vision ne dure qu'une seconde. Le croyant a donc intérêt à se préparer à l'avance et à bien peser ses mots. Il ne doit surtout pas s'affoler, comme cette malheureuse femme d'un riche commerçant, qu'une grave maladie avait rendue chauve. Lalla Setti n'osait plus aller au hamman et ne cessait de gémir sur cette magnifique chevelure perdue. Elle avait tout essayé, potion, herbes, marabouts, pour vaincre le sort. En vain.

Animée d'une grande foi, elle attendit cette année-là la Nuit du Destin avec impatience. C'était son dernier recours. Dès le coucher du soleil, elle se mit à sa fenêtre et scruta le ciel, scruta le ciel, scruta le ciel.

Les heures passèrent. Lalla Setti, de plus en plus fatiguée, sentait son courage l'abandonner. Sa tête dodelinait et ses yeux se fermaient quand, soudain, une lumière éblouissante jaillit au milieu des étoiles dans la direction de la Mecque.

« La porte ! » s'étrangla Lalla Setti.

« Oh, Seigneur, fais-moi pousser la tête ! » cria-t-elle à l'instant où la porte se refermait.

Et la tête de Lalla Setti se mit à grossir, grossir, grossir, tant et si bien qu'elle resta coincée à l'extérieur de la fenêtre ! Dans sa surprise et son affolement, la malheureuse avait confondu sa tête et ses cheveux.

L'histoire ne dit pas comment les choses s'arrangèrent pour Lalla Setti. Mais la morale est claire : préparez toujours vos paroles à l'avance !

*
* *

La racine

« *Nous sommes des paysans, des gens de la terre, nous autres immigrés, m'explique M. H. Nous n'avons pas seulement quitté notre pays mais aussi notre paysage. Regarde tous les légumes qui poussent dans ce bout de jardin, derrière la maison. Je sais faire pousser les légumes comme je sais respirer. Je sais aussi parler, parce que nous parlons beaucoup, finalement, nous autres, gens de la terre. Je sais dire cela, par exemple :*

« *Regarde un pigeon. Des pigeons, il y en a partout. Mais moi, je sais pourquoi un pigeon ne grossit jamais, jamais. C'est parce qu'il pense à la mort. Il pleure. Écoute "Rouhrouhrouh"... Il pense à la mort. Il pleure. Alors, il ne grossit jamais.* »

Zifran, ressuscitée des morts

On raconte encore aujourd'hui à Roubaix une histoire extraordinaire qui bouleversa, dans les années cinquante, la vie d'un petit village des environs de Bouira, en Kabylie.

Au cours de l'hiver 1952, une très vieille femme de ce village mourut et fut enterrée, selon la coutume, sur la colline des ancêtres proche des dernières maisons du pays.

Trois mois passèrent.

Comme chaque vendredi, jour de prière dans l'Islam, un vendredi du mois de mai qui suivit l'enterrement de la vieille Zifran, des habitants de ce village se rendirent sur la colline aux ancêtres pour honorer leurs morts.

Alors que ces gens avançaient entre les tombes, ils entendirent soudain des appels, des coups assourdis provenant de dessous la terre, dans la direction où Zifran était enterrée.

Terrorisés, les villageois s'enfuirent et l'un deux courut chez le fils aîné de Zifran pour l'avertir de ce qui se passait là-haut.

L'homme appela aussitôt ses deux frères, rassembla tous les taïleb présents dans le village et se rendit sur la colline. Là, aucun doute possible, les appels et le bruit venaient bien du tombeau de la vieille Zifran.

« Ouvrez la tombe de Zifran ! Ouvrez la tombe de Zifran ! » criaient des voix qui montaient de la terre.

Les taïleb s'employèrent aussitôt à lire des versets du Coran, le plus sûr moyen de combattre le démon si « l'affaire » venait de lui tandis que les trois frères entreprenaient d'ouvrir la tombe de leur mère.

Deux heures plus tard, ils la dégageaient de son linceul. La vieille Zifran affaiblie mais bien vivante fut retirée de sa fosse. Ses fils l'emportèrent chez eux et la soignèrent pendant plusieurs jours.

Le bruit de cette résurrection miraculeuse s'étant répandu, une foule de gens se pressa autour de la maison. Le chroniqueur affirme qu'il vint même des journalistes et des curieux de l'autre bout du pays.

Une seule question brûlait toutes les lèvres :

« Qu'avait vu Zifran durant son séjour chez les morts ? »

On tenait là un témoin unique qui allait enfin écarter le voile redoutable de la mort.

Mais, hélas, Zifran, revenue de l'au-delà, n'avait plus de langue pour parler. Et non seulement sa langue était coupée mais il lui manquait aussi la main droite et le front.

On ne sut interpréter ce prodige. Les fils de Zifran firent alors appel au plus puissant taïleb de la région et lui soumirent l'énigme.

L'homme de Dieu vint voir Zifran et rendit son verdict.

« Zifran avait la langue coupée parce qu'au cours de sa vie elle n'avait cessé de dire du mal des autres.

« Zifran avait la main droite coupée parce qu'au cours de sa vie sa main avait pris bien plus que donné.

« Zifran, enfin, n'avait plus de front parce qu'au cours de sa vie elle ne s'était pas prosternée le front contre terre pour prier Dieu. »

Et Dieu avait ressuscité Zifran pour avertir les hommes de ne suivre ni le chemin de la médisance, ni celui de l'avarice, ni celui de l'indifférence.

Zifran vécut encore trois mois, témoignage vivant

de la volonté divine. Puis elle mourut, et cette fois pour de bon.

Ainsi nous l'a-t-on rapporté, ainsi nous le rapportons. Et si nous mentons, Dieu le reconnaîtra.

*
* *

La langue

A présent, les enfants se sont endormis dans nos bras, sur les fauteuils, bercés par la voix de leur grand-mère en arabe, puis celle de Farida, la sœur aînée qui cherche les images en français car c'est ainsi que cela doit être.

Pourtant, au début de la veillée, Laïd refusait avec frénésie d'écouter l'histoire en arabe. Mais pourquoi, pourquoi grand-mère ne parlerait-elle pas français, POURQUOI ? Désarroi et fureur. Malah secouait la tête, désemparée. Comment raconter son cœur en français ? Elle peut à la rigueur se débrouiller dans les magasins, préparer les tartines que Laïd lui demande quand il rentre de l'école. Mais une histoire... Le miel des ruches plantées sur les hauteurs de Constantine...

C'est vers moi, la Française, que Laïd s'est tourné pour chercher de l'air, du secours :

« Mais toi, toi, tu ne vas rien comprendre ! »

Qu'ai-je répondu, alors ? Qu'il était là, lui, justement, pour faire le lien entre Malah et moi, qu'il connaissait "l'air" de la chanson, sinon les paroles, peut-être quelques-unes, quand même — ce qu'il confirmera plus tard —, qu'il faisait partie de l'histoire qui allait de Constantine à Roubaix... »

« Quand j'avais ton âge, Laïd, ma grand-mère à moi parlait sicilien, mes parents, comme les tiens, moitié français, moitié sicilien. Je ne savais même pas qu'ils parlaient deux langues. Je ne faisais pas la différence. A l'école, c'était épouvantable. Je mélangeais tout dans ma tête... »

C'est alors que Farida a éclaté de rire.

« Oh, je comprends. Tu faisais de l'échec scolaire ! »

Nous avons ri. Laïd s'est calmé et Malah a servi son miel.

Le mari jaloux et la femme infidèle

Il existait jadis, dans un lointain pays, un prince qui avait épousé la plus belle et la plus fidèle des princesses. Elle s'appelait Saada.

Un jour, Saada et sa servante se tenaient près du ruisseau, tandis qu'un esclave noir les protégeait. La princesse se pencha au-dessus de l'eau pour admirer son reflet. Le henné qui parait la paume de ses mains lui parut du plus bel effet.

« J'aime la perfection de ce tracé sur ma peau, s'écria-t-elle. Il n'y a rien de plus beau que l'union du noir avec le blanc ! »

Son époux, qui passait par là, entendit la fin de l'exclamation : « ... il n'y a rien de plus beau que l'union du noir avec le blanc » et il crut que sa femme admirait la peau noire de son esclave et qu'elle le trompait avec lui.

Fou de jalousie, il donna l'ordre qu'on attachât la princesse et son serviteur noir, dos à dos, dans l'une des caves du palais, et commença des interrogatoires sans fin.

« Avoue donc que l'esclave était ton amant ! » criait-il en l'injuriant et la battant.

La malheureuse Saada qui n'avait jamais connu d'autres hommes que son époux ne pouvait que nier.

Tous les jours, malgré ses pleurs et ses supplications, le prince torturait sa femme exigeant des aveux.

« Avoue mais avoue donc, criait-il. Et je te libérerai. »

Mais Saada ne cessait de clamer son innocence.

Au bout de longues semaines passées dans cette cave sans eau et sans nourriture, l'esclave noir attaché au dos de la princesse mourut. Saada, bien affaiblie, eut beau supplier son époux d'enlever son corps, le prince refusa et les tortures se poursuivirent.

Une nuit, après son départ, une femme habillée de blanc apparut à la princesse et lui donna ce conseil :

« Quand ton époux voudra lever la main sur toi, dis-lui seulement ceci : "Tu n'es pas Assad el Ruad pour avoir le droit de me battre ainsi. »

Puis la femme disparut.

Le lendemain, quand le prince voulut frapper Saada car elle niait encore le crime d'adultère, celle-ci s'exclama :

« Tu n'es pas Assad el Ruad pour avoir le droit de me battre ainsi !

— De qui parles-tu ? Qui est cet Assad el Ruad ? Ton amant ? cria le prince fou de rage.

— Cherche-le et tu verras bien », répondit la princesse qui n'en savait pas plus que lui.

L'esprit de vengeance dicta au prince de partir à la recherche de Assad el Ruad. Il emmena avec lui trois cents de ses meilleurs cavaliers et prit la route. Il visita maints pays, traversa mers et montagnes mais personne ne connaissait Assad el Ruad.

Il parvint un jour dans une ville étrangement vide. Un silence de deuil semblait assoupir les rues désertes, les cours des maisons et jusqu'au palais royal. La désolation s'étendait sur tout.

Aux gardiens des portes du palais, le prince demanda s'ils connaissaient Assad el Ruad.

« C'est bien le nom de notre cher roi, répondit un gardien.

— Serait-il mort ? s'inquiéta le prince qui voyait sa vengeance lui échapper.

— Lui-même te le dira, prince, si tel est son désir », déclara l'homme.

Étonné de ces paroles singulières, le prince

pénétra dans la palais mais fut contraint de laisser ses cavaliers dehors.

Quand Assad el Ruad se présenta devant lui, le prince vit qu'il n'avait pas la peau noire et sa colère tomba. Il raconta alors l'histoire de sa longue quête, et le roi l'écouta sans rien montrer de ses pensées.

A la fin, il prit à son tour la parole.

« Écoute à présent mon histoire, dit-il. Tu jugeras ensuite si elle vaut la tienne...

« J'avais épousé une femme très belle, veuve d'un prince, que je croyais aussi fidèle que tous mes sujets réunis. Je l'aimais et la chérissais. Notre unique malheur était de ne pas avoir d'enfant. Chaque nuit, pleine d'attention à mon égard, elle m'apportait une tisane qu'elle préparait elle-même. J'étais très sensible à ce soin. Nous vécûmes ainsi pendant sept ans.

« Un soir, je trouvai la tisane trop amère et je la jetai sans rien dire pour ne pas vexer la reine. Au milieu de la nuit, des battements d'ailes me réveillèrent et je crus rêver parce que mon sommeil était toujours très profond. Sur le rebord de la fenêtre je vis un aigle géant qui appelait mon épouse.

"Dépêche-toi, disait-il. Ton amant t'attend avec impatience et tes enfants ont faim. Viens les nourrir !"

« Ma femme se leva, enjamba la fenêtre, monta sur le dos de l'aigle et disparut dans la nuit. Je m'endormis et, au matin, trouvai la reine près de moi, comme chaque jour.

« La nuit suivante, voulant en avoir le cœur net, je ne bus point la tisane de la reine, et cette fois les yeux bien ouverts, j'assistai à son départ puis à son retour.

« J'attendis le soir et fis alors boire à mon épouse une liqueur qui contenait une drogue, lui présentant la chose comme un caprice. Ma femme s'endormit profondément et, quand l'aigle vint la chercher, je pris sa place, habillé en femme. Je ne croyais toujours pas aux paroles de l'aigle et ne voulais rien entreprendre avant de connaître la vérité...

« L'aigle m'emporta dans une maison à l'autre bout de la ville. Là, je découvris qu'un homme attendait, qui me dit :

"Presse-toi de nourrir nos enfants et viens me rejoindre dans la chambre !"

« Sept enfants dont le plus jeune avait sept ans m'appelèrent "maman" en reconnaissant les vêtements de ma femme. L'homme qui attendait dans la chambre était un serviteur noir du palais.

« Quand il s'approcha de moi pour me prendre dans ses bras, je me démasquai et lui coupai la tête ainsi qu'aux sept enfants. J'avais à présent toutes les preuves que ma femme me trompait depuis notre mariage...

« J'emportai les têtes avec moi au palais et je les plaçai aux endroits où l'épouse adultère se rendait dans la journée. Quand elle les eût toutes découvertes, elle tomba morte sans que je lève un seul doigt sur elle...

« Telle est l'histoire d'Assad el Ruad, dit le roi. Toi qui a torturé ta femme, qui a fait mourir ton esclave de faim et de soif, sur une phrase incomplète entendue par hasard, refusant ensuite toute explication, ne crois-tu pas que cette histoire vaut la tienne ?

— Que me conseilles-tu, O roi ? demanda le prince.

— Je te donne ces trois amandes, répondit Assad el Ruad. Casse-les devant ta femme. Adviendra alors ce qui doit advenir. »

Satisfait, le prince s'en retourna chez lui et descendit dans la cave de son palais. Il y découvrit Saada sur le point de mourir. Croyant lui rendre ses forces, il cassa une première amande et Saada disparut à ses yeux. Il cassa aussitôt une deuxième amande pensant qu'elle allait réapparaître en bonne santé, et Saada se retrouva dans un hammam où des femmes entreprirent de lui rendre sa beauté. Rageant de ne point revoir son épouse, le prince cassa alors la dernière amande et Saada fut transportée à la droite de Assad el Ruad qui l'attendait, assuré de sa parfaite beauté et de sa fidélité à toute épreuve, afin d'annoncer leurs prochaines noces et son retour à la vie.

Pendant ce temps, ne comprenant rien à la disparition de sa femme, le prince décida de retourner chez Assad el Ruad pour lui demander des comptes.

Quand il arriva dans la ville, il ne la reconnut point. Une fièvre joyeuse régnait dans les rues, sur les places, derrière chaque mur et jusqu'au palais royal débordant d'activités.

« Que se passe-t-il donc ici ? demanda-t-il aux gardiens des portes qui lui barraient le passage.

— Notre roi se marie, et, tous, nous nous apprêtons à fêter son bonheur, lui répondit le gardien qui l'avait accueilli la première fois. Et toi, homme de rien, tu ne mérites pas de lever les yeux sur notre future reine, Saada-la-fidèle. »

Car il est dit : « Le mari jaloux ne mérite que la femme infidèle. »

Ainsi nous l'avons entendu, ainsi nous le rapportons et, si nous mentons, Dieu nous punira.

*
* *

Carte d'identité

« J'avais honte, tellement honte d'être arabe ! » s'écrie Nadia alors que nous prenons le thé pour la première fois ensemble dans sa vieille maison rongée par le salpêtre et vouée aux démolisseurs. « Je n'avais jamais mis les pieds en Algérie quand mon mari m'y a emmenée... Un jour, il m'a montré un tapis fabriqué par les femmes de notre tribu. Il m'a expliqué que les couleurs et les dessins de ce tapis nous appartenaient à nous, les Heouamed, que personne d'autre ne songerait à les reproduire. D'abord j'ai ri. Je ne comprenais pas. Il m'a dit : "Tu vois ces dessins, c'est notre carte d'identité à nous, les Heouamed !" J'étais sidérée. Je me suis rappelée alors les révoltes des Écossais contre les Anglais pour garder le "tartan" de leurs clans. J'ai pensé : mais alors, je suis comme une Écossaise, moi aussi ! J'ai pleuré. Ensuite, avec l'aide de mon mari, j'ai commencé à apprendre ces dessins pour fabriquer un panier. Oh, pas grand-chose, mais c'était comme si je gravais mon nom. Je n'étais plus perdue, tu comprends ? Je fabriquais mon identité, fil après fil, telle couleur après telle couleur... »

La femme de Hem

On raconte que, dans une localité proche de Roubaix, il y a quelques années, durant le mois précédant le jeûne du Ramadam, une femme qui revenait du marché découvrit un bébé devant sa porte. L'enfant était bien vivant.

La femme pensa aussitôt à avertir la police mais le bébé pleurait et son premier geste fut de l'emporter chez elle et de se préoccuper d'abord de le nourrir. Elle fit ce que toute femme aurait fait à sa place.

Elle déposa le nouveau-né sur un fauteuil et se précipita dans sa cuisine pour lui préparer un biberon de lait.

Mais quand elle revint au salon quelques minutes plus tard avec le lait chaud, le bébé était devenu un vieillard.

Et ce vieillard s'adressa à la femme :

« N'appelle pas la police, lui dit-il. Si je suis venu chez toi aujourd'hui, c'est pour t'avertir, au nom de Dieu, toi et tous les musulmans de cet endroit. T'avertir que vous perdez votre religion, que vous tous qui êtes en France vous êtes en train d'oublier vos coutumes, vos traditions et que vous allez disparaître. Qu'au prochain Ramadam toi et les tiens devrez respecter le jeûne, l'aumône pour les pauvres et la prière. Dis cela à tout le monde, répète cet avertissement. Les musulmans doivent se purifier et se retrouver. »

Sur ce, le vieillard disparut.

On raconte que la femme sacrifia un mouton et prépara un repas pour toute sa parenté. Nombreux furent ceux qui écoutèrent son récit. On raconte aussi que la femme et tous ceux qui entendirent cette histoire se mirent du henné sur la paume des mains en signe de compréhension et de reconnaissance.

Ainsi nous l'a-t-on rapporté, ainsi le rapportons-nous.

*
* *

Le péché d'ignorance

Un jour, la cigogne, obligée de se rendre d'urgence au chevet d'un vieil oncle malade et bien embêtée de ne trouver personne pour prendre soin de ses petits, croise dans le ciel l'aigle royal. Elle lui confie son embarras. Le puissant oiseau de proie l'écoute avec bienveillance et lui promet de s'occuper des cigogneaux comme s'ils étaient à lui.

Après force remerciements, la cigogne, rassurée, s'en va.

Prenant sa charge très au sérieux, l'aigle gave les cigogneaux de mulots et de lapereaux, son ordinaire à lui ; à son retour, la cigogne ne reconnaît plus ses petits tant ils ont grandi et forci.

Elle félicite l'aigle pour son zèle et jure de lui rendre le même service un jour prochain. Ce qui ne tarde guère car, à son tour, l'aigle est appelé au loin.

La cigogne, reconnaissante, s'empresse alors autour du nid des aiglons, elle se démène avec une application méticuleuse pour les nourrir des plus tendres vermisseaux et de l'herbe la plus fraîche, son ordinaire à elle. Mais hélas, ce régime de qualité est tout à fait insuffisant pour les aiglons voraces. La cigogne les voit dépérir sans comprendre qu'ils meurent de faim. Elle redouble d'attention pour choisir la plus délicate des nourritures mais en vain.

Quand l'aigle royal est de retour, il retrouve ses aiglons morts et la cigogne éperdue, battant des ailes au-dessus du nid. Fou de colère et de douleur, l'aigle décide de la punir et exige un combat dans le ciel.

« Je ne te tuerai pas, gronde-t-il. Car tu as péché par ignorance. Mais tu te rappelleras longtemps de cette correction ! »

La cigogne, qui n'en mène pas large, tente de s'enfuir à tire-d'aile sous l'œil goguenard de tous les oiseaux attirés par la rumeur de ce combat singulier. Mais l'aigle n'est pas pour rien le roi du ciel. Il la rejoint sans effort, l'accompagne un moment voguant très haut au-dessus d'elle jusqu'à l'instant précis où, tel un trait fulgurant, il plonge vers sa victime et, pour la ridiculiser, lui transperce le croupion d'un coup de bec vengeur.

Mais hélas, c'est à son tour de se tromper. Croyant piquer la queue de la cigogne, il lui transperce le cœur, car « là » était son cœur et l'aigle l'ignorait. Blessée à mort, la cigogne succombe peu après.

Ainsi on nous l'a raconté, ainsi nous vous le rapportons.

*
* *

La place du cœur

Si Mokhrane m'a raconté cette histoire longtemps après notre rencontre. Ce fut aussi celle qui surgit en premier, après qu'il eût maintes fois hésité, car ce projet de livre, je crois, lui paraissait bien naïf.

« Sommes-nous donc si différents de l'aigle et de la cigogne, toi et moi, dit-il alors. Que nous n'ayons pas le cœur à la même place ? »

Cette parabole fut donc le premier message qu'il m'adressa, et aux lecteurs futurs, et à sa femme et ses enfants qui l'entouraient aussi. Ouvrier du textile pendant presque vingt ans, il se retrouvait à présent au chômage. A quarante-huit ans, il retenait son souffle en regardant ses enfants grandir, petits aiglons aux ailes palpitantes, qui apprenaient jour après jour à se nourrir d'herbe et de vermisseaux. Quelle malédiction leur ferait bientôt dédaigner la nourriture de leur père ? Et à quel banquet pourrait-on un jour les convier pour leur offrir des mets subtils où les saveurs se mêleraient avec allégresse ?

Leïla, leur mère, heureusement, est fine cuisinière. Elle cherche avec ardeur des nourritures appropriées... Elle a vu que son fils aîné observe longuement le médecin français de la famille quand il ausculte un de ses frères. Leïla lui a parlé d'Avicenne quand son fils a dit : « Je serai médecin plus tard ! » Ce n'est rien, Avicenne, un nom de jadis, complètement perdu ici. Mais à son instituteur, l'enfant parle d'Avicenne, le grand médecin arabe de jadis... Si Mokhrane, lui, ne connaît pas Avicenne, mais il parle du marabout de son village qui guérit la folie et les blessures du cœur. Son fils sera peut-être un grand médecin. Oui. Vraiment grand, demain.

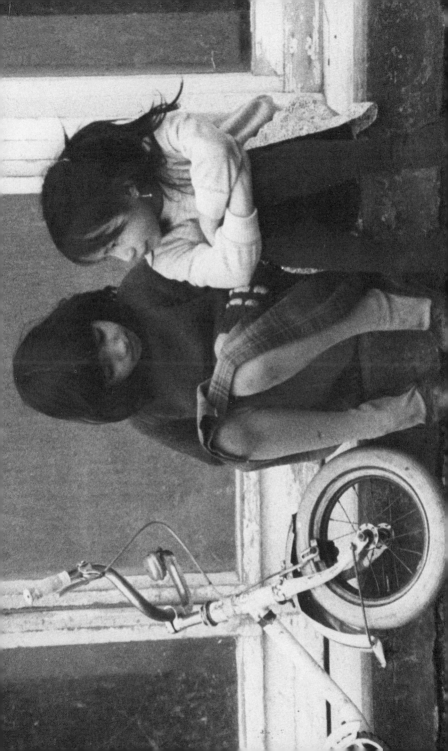

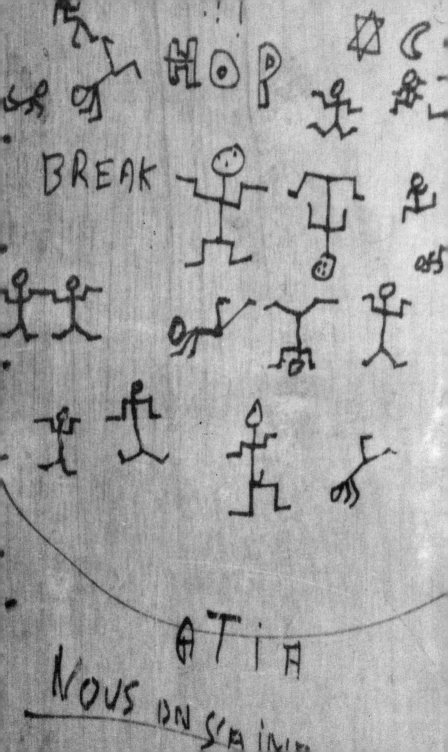

Table

ÉDITIONS KARTHALA

(extrait du catalogue)

Collection *Méridiens*

Christian RUDEL, *Guatemala, terrorisme d'État.*
Bernard JOINET, *Tanzanie, manger d'abord* (épuisé).
Philippe LEYMARIE, *Océan Indien, le nouveau cœur du monde.*
André LAUDOUZE, *Djibouti, nation-carrefour.*
Bernard LEHEMBRE, *L'Île Maurice.*
Alain GANDOLFI, *Nicaragua, la difficulté d'être libre.*
Christian RUDEL, *Mexique, des Mayas au pétrole.*
J. BURNET et J. GUILVOUT, *La Thaïlande.*

Collection *Les Afriques*

Ezzedine MESTIRI, *Les Cubains et l'Afrique* (épuisé).
Bernard LANNE, *Tchad-Libye : la querelle des frontières* (épuisé).
J.S. WHITAKER, *Les États-Unis et l'Afrique : les intérêts en jeu.*
Abdou TOURÉ, *La civilisation quotidienne en Côte-d'Ivoire. Procès d'occidentalisation.*
Jean-Marc ELA, *L'Afrique des villages.*
Guy BELLONCLE, *La question paysanne en Afrique noire.*
Collectif, *Demain la Namibie.*
Amadou DIALLO, *La mort de Diallo Telli, premier secrétaire général de l'O.U.A.*
Christian COULON, *Les Musulmans et le pouvoir en Afrique noire.*
Jean-Marc ELA, *La ville en Afrique noire.*
Jacques GIRI, *Le Sahel demain.* Catastrophe ou renaissance ?
Michel N'GANGBET, *Peut-on encore sauver le Tchad ?*
Marcel AMONDJI, *Felix Houphouët et la Côte-d'Ivoire. L'envers d'une légende.*
Jean-François BAYART, *La politique africaine de François Mitterrand.*

Collection *Lettres du Sud*

Yodi KARONE, *Le Bal des caïmans*.
Max JEANNE, *La chasse au racoon*.
Merle HODGE, *Crick, crack, monkey*.
José LOUZEIRO, *Pixote* (roman brésilien).
Joël LUGUERN, *Les Parasols de Danang* (chronique de la coopération).
Modibo Sounkala KEITA, *L'archer bassari*. Grand Prix littéraire de l'Afrique noire 1984.
Fakoli DOUMBY, *Morts pour la France*.
SEITU, *Avant le raz de marée*.
Michèle RAKOTOSON, *Dadabé*. Prix de Madagascar 1984.
Guy MENGA, *Case de Gaulle*.

Collection *de Contes*

Gabriel MFOMO, *Soirées au village* (contes du Cameroun).
Jacques PUCHEU, *Contes haoussa du Niger*.
Gabriel MFOMO, *Au pays des initiés* (contes du Cameroun).
Henri TOURNEUX, *Les nuits de Zanzibar* (contes swahili).
Marie-Paule FERRY, *Les dits de la nuit* (contes tenda du Sénégal).

Maghreb

Slimane ZEGHIDOUR, *La poésie arabe moderne entre l'Islam et l'Occident*.
Ezzedine MESTIRI, *Guide du Maghreb à Paris et en France*.
Jean DÉJEUX, *Dictionnaire des auteurs maghrébins de langue française*.

(Pour plus de précisions sur ces titres, demandez le catalogue complet des éditions Karthala : 22-24, bd Arago, 75013 Paris.)

ACHEVÉ D'IMPRIMER PAR
CORLET, IMPRIMEUR, S.A.
14110 CONDÉ-SUR-NOIREAU

N° d'Imprimeur : 4733
Dépôt légal : février 1985

Imprimé en France